Mona Prinz

Meine

Psychotherapie

1 Jahr später

Wie geht es mir heute?

Es gibt viele Menschen, die meine Bücher „Meine Hölle Depression Offline am Leben" und/oder „Meine Psychotherapie" gelesen haben. Beide Bücher habe ich vor circa einem Jahr geschrieben. In „Offline am Leben" schildere ich, wie es der Name bereits verrät, wie enorm ich unter meiner psychischen Erkrankung, der langwierigen Depression, gelitten habe. Diese Erkrankung resultierte aus mehreren Schicksalsschlägen, die innerhalb kurzer Zeit geschehen sind und die mir den Boden unter den Füßen völlig weggerissen hatten. Ich konnte den tiefen Schmerz weder verarbeiten noch bewältigen. Ich hatte Menschen verloren, die ich so sehr liebte, dass ich glaubte, ohne sie nicht leben zu können. Ich vermisste sie so sehr, dass ich das auch gar nicht wollte. Ich wollte nicht ohne sie sein, denn ohne diese geliebten Menschen, das war zu diesem Zeitpunkt einfach kein erträgliches Leben mehr für mich. Nichts war mehr, wie es einmal war. Von einem Moment auf den anderen war alles anders, mein Leben war für immer zerstört, so schien es mir zu dieser Zeit. Der Schmerz ließ einfach nicht nach und der Kummer wurde immer erdrückender, so sehr ich auch versuchte, den quälenden Schmerz abzuwehren. Viele Monate versuchte ich, gegen das tiefe Seelenleid anzukämpfen und die Verluste zu akzeptieren, doch es gelang mir einfach nicht und anstatt gesund zu werden, wurde ich psychisch immer kränker und ich fiel immer mehr in dieses dunkle Loch, das mich immer tiefer zog und dem ich kaum noch entrinnen konnte. Die riesengroße Sehnsucht war schier unerträglich und sie zerriss mir nahezu mein Herz. Ich fühlte mich so verdammt allein und ich wollte und konnte *so* nicht mehr weiterleben. Immer mehr schottete ich mich vom Leben ab und ich war irgendwann emotional und auch körperlich kaum noch überlebensfähig. Am Leben nahm ich kaum noch teil und die Mauer, die ich um mich herum aufgebaut hatte, war riesengroß. Niemandem aus meiner Familie, geschweige denn aus der Außenwelt, war es zu dieser Zeit noch möglich, zu mir und meinem Inneren wirklich durchzudringen. Die Trauer und vieles mehr, was in meinem Leben geschehen war und meinem Herzen so tiefe Wunden zugefügt hatte, hatte mich psychisch schlichtweg krank gemacht. Das Chaos meiner Gefühle hatte mich völlig aus der Bahn geworfen und mein inneres Gleichgewicht zerstört. Ich war psychisch schlichtweg einfach zusammen gebrochen.

Viele Monate waren mittlerweile vergangen und von den Menschen und vom Leben allgemein hatte ich mich inzwischen völlig abgegrenzt. Ich lebte völlig isoliert in meiner eigenen traurigen und trostlosen Welt, in der niemand mehr Zugang zu mir fand, in der ich auch niemanden mehr noch wirklich an mich heran ließ. Die Gedanken kreisten ständige um meine geliebten Menschen, die ich verloren hatte. Die Trauer ließ mich einfach nicht mehr los. Sie bestimmte meinen ganzen Tag und sie beherrschte meine Gefühle völlig. Immer wieder schlug mir der Schmerz mitten ins Gesicht und in mein blutendes Herz. Ich fühlte mich den quälenden Gefühlen hilflos ausgeliefert und ich war machtlos, dagegen anzukämpfen. Noch immer wollte ich stark sein. Tagtäglich setzte ich eine Maske auf und je nach Situation schlüpfte ich in eine entsprechende Rolle hinein. Dies kostete enorme Energie, doch ich war mittlerweile ein Meister im Verstellen geworden. Ich wollte den Menschen um mich herum nicht zeigen, wie schlecht es mir geht und ich spielte ihnen vor, ich sei glücklich. Doch dies gelang nur noch zum Teil, denn die Depression komplett zu überspielen oder zu verstecken, war längst nicht mehr möglich. Ich war mittlerweile bereits viel zu sehr zerbrochen an der Erkrankung, die von

Tag zu Tag immer mehr fortschritt. Insbesondere nachts brach die Fassade regelrecht in sich zusammen und hinter ihr erschien die junge, kranke und traurige Frau, die am Leben nichts, aber auch gar nichts mehr schön fand und deren Tränen einfach nicht versiegen wollten. Anfangs glaubte ich oft, in den vielen Tränen zu ertrinken, doch mittlerweile nach vielen Monaten, fühlte ich mich tränenleer und wie versteinert und leblos. Mein Gesicht glich einem völlig erstarrten Maskengesicht, ohne jegliche Mimik. Gesellschaft konnte ich überhaupt nicht mehr ertragen. Ich wollte nur noch meine Ruhe haben und ich war froh, wenn ich niemanden sehen musste, während es mich „früher" erfüllte, wenn meine liebsten Menschen um mich herum waren. Meine Welt bestand nur noch aus der Depression und all den quälenden Symptomen, die sie ausmachten und die sich einfach nicht verbessern wollten. Sinnlos lebte ich in jeden neuen Tag hinein und eigentlich wollte ich dieses Leben zu diesem Zeitpunkt gar nicht mehr. Ich war mittlerweile psychisch so sehr krank, dass ich mir so oft wünschte, am nächsten Morgen nicht mehr zu erwachen, denn ich sah kein Licht mehr am Ende des Tunnels. Ich fühlte mich wie in einer mentalen und emotionalen Sackgasse, die mich nur noch das

Negative sehen ließ. Die negative Gedankenspirale, aus der ich mich nicht mehr befreien konnte, entpuppte sich als Teufelskreislauf, dem ich nicht mehr entrinnen konnte. Ich fühlte mich von meinen Gedanken und der inneren Leere so sehr beherrscht, dass ich oftmals eine völlige Ohnmacht erlebte. Mein Leben war schlichtweg aus den Fugen geraten. Jegliche Lebensfreude und Hoffnung auf Besserung meiner Situation waren mittlerweile nahezu erloschen. Ich versuchte lange Zeit zu kämpfen, doch nach vielen verzweifelten Monaten war ich des Kämpfens einfach nur müde geworden. Ich hatte das Gefühl, als hätte ich den Kampf längst verloren und als sei ich an der Trauer und am Kampf zerbrochen. Das Gefühl, in diesem Leben fehl am Platz zu sein und dieses Leben nicht mehr ertragen zu wollen, verfestigte sich immer mehr und so litt ich weiter, Tag für Tag, Stunde für Stunde, Minute für Minute. Dies war die Kurzversion aus „Meine Hölle Depression" und das Buch selbst zeigt an so vielen Beispielen, wie schlecht es mir doch wirklich ging und in welch großem Ausmaß mich die Depression in so zahlreichen Lebensbereichen völlig lähmte und mich und mein Leben immer mehr versuchte zu zerstören. Wenn ich heute daran zurück denke, wie mich die heimtückische Depression sogar zur Todessehnsucht und zu tatsächlichen Suizidgedanken verleitet hat, die mir so greifbar nah und vor allem auch sehr verlockend erschienen, erschreckt es mich enorm, wie tief verzweifelt ich zu dieser Zeit war. Ich war der Depression hilflos ausgeliefert, zumindest schien es mir zu dieser Zeit so. Ich bin froh und dankbar, heute wieder gesund zu sein und nicht mehr in der schrecklichen Hölle Depression zu leben. Diese psychische Erkrankung kann wirklich die Hölle auf Erden sein und ein Ausmaß annehmen, das man kaum begreifen und als Nichtbetroffener wohl auch kaum verstehen kann.

Nach vielen Monaten, in denen ich verzweifelt versuchte, gegen meine Depression anzukämpfen, entschied ich mich endlich für eine psychotherapeutische Behandlung. Der Wunsch, dem schier unerträglichen Leiden endlich ein Ende zu setzen, wurde immer größer. Hilfe musste unbedingt her, einen anderen Ausweg sah ich nicht mehr, denn ich hatte keine Kraft mehr, mich allein aus diesem tiefen Sumpf zu befreien. Die Entscheidung, mir professionelle Hilfe zu holen, geschah schweren Herzens, doch es war nach einem bereits viel zu langen, quälenden und kaum noch zu ertragenden Leidensweg der erste Schritt in die richtige Richtung. Der erste Schritt in Richtung seelischer Gesundheit, auch wenn dieser Weg sehr lang und steinig werden sollte. Meine Hausärztin hatte mir seit vielen Monaten zur Psychotherapie geraten und auch mir selbst wurde immer schmerzlicher bewusst, dass ich mein seelisches Tief allein nicht mehr überwinden werde. Viel zu lange hatte ich es bereits versucht, doch ich war psychisch und mittlerweile auch körperlich längst völlig am Ende meiner Kräfte. Ich fühlte mich wie in einer Sackgasse. Am Ende des Tunnels sah ich einfach kein Licht mehr, alles war nur noch schwarz und dunkel. Nun endlich wollte ich den Versuch wagen, mir dabei helfen zu lassen, vielleicht irgendwann wieder im Leben anzukommen, der Dunkelheit zu entfliehen und das Licht wieder zumindest ein klein wenig sehen zu können. Ich wollte nicht so einfach aufgeben. Ich war doch immer so stark. Ich wollte wieder ein Teil des Lebens sein. Des Lebens, das zu diesem Zeitpunkt keineswegs noch lebenswert war und das nur noch von Trauer und Schmerz geprägt war. Ich war dem Tod mittlerweile viel näher als dem Leben. Erschreckend nah, so fühlte es sich an. Mich für eine Psychotherapie zu entscheiden, fiel jedoch alles andere als leicht, denn mir selbst hatte ich die psychische Erkrankung zwar längst schweren Herzens eingestanden, doch vor den Menschen um mich herum schämte ich mich noch immer viel zu sehr dafür, psychisch krank und dem Leben nicht mehr gewachsen zu sein. Mir Hilfe bei einem Therapeuten zu holen, war für mich gleichzeitig ein Eingeständnis von Schwäche. Und schwach wollte ich doch niemals im Leben sein und vor allem nicht auf andere Menschen wirken. Doch stark war ich schon längst nicht mehr. Ich hatte mich und mein Leben zu diesem Zeitpunkt nahezu aufgegeben. Daher hatte ich keine andere Wahl mehr, als den in diesem Moment scheinbar schweren Weg der Psychotherapie zu gehen. Wenn ich in diesem

Leben nicht völlig untergehen und am Seelenleid nicht endgültig zerbrechen wollte, musste ich unbedingt etwas tun. War ich doch auf dem besten Weg dahin, mich komplett aufzugeben, denn ich fühlte mich mittlerweile völlig lebensunfähig.

In meinem Buch „Meine Psychotherapie" beschreibe ich, wie ich nach vielen Monaten völlig mut- und hoffnungslos die Therapie begann. Voller Ängste und Zweifel, doch auch mit etwas Hoffnung im Herzen, saß ich wie ein Häufchen Elend im Wartezimmer der Praxis und ich hatte riesige Angst davor, wer und was mich erwartet. Ich hatte weder „Lust" auf eine Psychotherapie und erst recht war mir nicht danach, auf einen Psychotherapeuten zu treffen. Ein fremder Mensch, wie soll das funktionieren, fragte ich mich in so vielen Momenten, als ich den Gedanken an eine Psychotherapie aus Gründen der Angst und der Scham lieber wieder verwerfen wollte. Hatte doch mein Umfeld bereits alles versucht, um mir zu helfen. Niemandem ist es gelungen, mich aus diesem tiefen Loch zu ziehen. Wie soll mir dann bitte ein Mensch, den ich nicht einmal kenne, helfen können?! Wie soll ich einem fremden Menschen so sehr vertrauen können, dass ich mich öffnen und ihm von meinen Sorgen erzählen möchte?! Daran geglaubt, dass mir in diesem verzweifelten Zustand überhaupt irgendwer noch helfen kann, hatte ich eigentlich nicht mehr. Doch ich wollte die, wie mir schien, noch einzige und letzte Chance nutzen, mich aus meinem Seelentief zumindest ein Stück weit zu befreien. Also ließ ich mich zum Teil sehr widerwillig, doch auch voller Hoffnung, auf die Psychotherapie ein. Ich war obendrein auch sehr froh und dankbar, dass sich mein Psychotherapeut dieser, meiner Meinung nach, sehr schweren Aufgabe stellte und die große Herausforderung mit einem enorm ungewissen Ausgang annahm. Die Angst vor Zurückweisung war sehr groß. Im Vorfeld sehr skeptisch gegenüber Psychotherapie und Therapeut, von dem ich mir erhoffte, dass er mir wenigstens noch ein wenig helfen kann, stellte ich wider Erwartens vom ersten Moment an fest, dass ich ihn sofort sehr mochte und auch schnell Vertrauen zu ihm aufbauen konnte. Dies verwunderte mich sehr, denn normalerweise fällt es mir meist sehr schwer, anderen Menschen überhaupt auch nur ein Fünkchen Vertrauen zu schenken. Viel zu oft in meinem Leben wurde mein Vertrauen bereits missbraucht und verletzt, so dass ich sehr vorsichtig und misstrauisch geworden bin. Doch dieser fremde Mensch war mir sofort sehr sympathisch und mich beschlich von Anfang an ein sehr gutes Gefühl. Mit ihm gemeinsam wollte ich unbedingt an mir und an meinen Problemen arbeiten, wusste ich sofort. Ich fühlte, dass es mir mit ihm gemeinsam vielleicht gelingen könnte, zumindest nicht mehr ganz so verzweifelt zu sein. Die völlige seelische Gesundheit schien mir zu diesem Zeitpunkt unerreichbar und unvorstellbar, doch ich sollte eines Besseren belehrt werden. Es fiel mir nicht schwer, ihm von all meinen Problemen zu erzählen. Ich breitete Stück für Stück mein Leben förmlich vor ihm aus, voller Hoffnung, dass er vielleicht Lösungsansätze findet, um mir irgendwie helfen zu können. Das Vertrauen war vorhanden und die Hoffnung, die ich in ihn gesetzt hatte, war groß. Die Praxis und er mittendrin fühlten sich für mich sehr schnell wie ein sicherer Ort an, an dem es mir zunehmend leichter fiel, mich komplett zu öffnen. Mein Psychotherapeut hat mir einen friedvollen Raum geboten, den ich brauchte, um für mich in aller Ruhe herausfinden zu können, wie ich mit all den schmerzhaften Schicksalsschlägen weiterleben wollte und vor allem auch konnte. Er hat mit einer großen Empathie meine Sorgen geteilt, mich getröstet, mir Mut gegeben und meine Verzweiflung gelindert. Ich redete und redete und beantwortete Fragen und ich begann währenddessen, Klarheit über meine Probleme und Ängste zu gewinnen. Mein Kopf war noch immer ein einziges Gedankenkarussell, doch er half mir dabei, meine Gedanken zu ordnen und sie zu verstehen und er setzte mir gedankliche

Grenzen, wenn meine Gedanken mir selbst mehr schadeten als mir nutzten und mir im Weg standen, um gesund zu werden. Ich habe mich zum ersten Mal nach vielen Monaten bewusst mit meiner Trauer, dem Verlust und dem tiefen Schmerz auseinandergesetzt. Ich wurde etwas sicherer im Umgang mit meinen Sorgen und es gelang mir mit der Zeit, neuen Mut zu schöpfen, meine Probleme mutig anzugehen und mein Leben Stück für Stück wieder selbst in die Hand zu nehmen.

Die Begegnung mit meinem Psychotherapeuten hatte von Anfang an irgendwie eine heilsame Wirkung. Die Behandlung in die richtigen Bahnen zu lenken und die ersten Fortschritte zu spüren, war jedoch ein langer und oftmals sehr steiniger Weg, denn eine Psychotherapie wirkt nicht von heute auf morgen. Insbesondere dann nicht, wenn, wie es bei mir der Fall war, die Probleme so vielschichtig und die psychischen Beschwerden mittlerweile chronisch geworden sind. Insbesondere in einem chronifizierten Zustand kann es sehr schwer sein, sich selbst aus dieser psychischen Störung noch befreien zu können. Es erforderte anfangs viel Kraft, die innere Barriere zu überwinden und mich auf den psychotherapeutischen Prozess komplett einzulassen. So manche Therapiestunde war hart und ich kam oft an meine psychischen Grenzen. Das Geschehene aufzuarbeiten, bedeutete nämlich oft auch, den Schmerz wieder so tief zu fühlen, als sei das, was meinem Herzen so tiefe Wunden zufügte, eben erst geschehen. Hatte ich meine Seelennot schließlich längst nicht verarbeitet, sondern nur in die hinterste Ecke meines Herzens verdrängt und nun kamen mir die Probleme unaufgeräumt und mit voller Wucht wieder entgegen. Es galt, den Schmerz noch einmal zuzulassen. Doch mein Therapeut, den ich von Stunde zu Stunde mehr mochte, war von nun an „an meiner Seite" und das fühlte ich stets als eine enorm große Unterstützung und wertvolle Hilfe. Ich konnte mich auf ihn verlassen, er wird mich nicht im Stich lassen, das fühlte ich zu jeder Zeit. Er gab mir Rückhalt und Sicherheit und er wurde sehr schnell eine wertvolle Stütze und auch eine sehr wichtige Bezugsperson für mich. Er hat mir stets das Gefühl gegeben, dass ich mich zu 100 Prozent auf ihn verlassen kann. Das hat mich sehr gestärkt und mir überhaupt erst den Mut gegeben, zu kämpfen.

Während der Therapie fand ich zum ersten Mal die Kraft, auf den Friedhof zu gehen. Ich konnte es vorher einfach nicht. Ich war weder auf der Beerdigung und auch später sonst nie auf dem Friedhof. Die Trauer saß einfach zu tief, ich konnte es einfach nicht ertragen. Ich glaube, es war ein Schutzverhalten meiner Psyche, die mir immer wieder signalisierte, dass auf dem Friedhof der Zusammenbruch drohte, da man dort gezwungen ist, den endgültigen Abschied zu realisieren und vor allem auch zu akzeptieren. Ich wollte mich lieber am Gedanken festhalten, dass vielleicht doch irgendwann wieder die Tür aufgeht und alles nur ein Alptraum war. Ich hatte Angst vor der Klarheit, die einem am Grab vor Augen geführt wird. Die Endgültigkeit, dass der geliebte Mensch nie wieder zurückkommen wird, zerriss mir schier das Herz. Noch immer war ich weit davon entfernt, den Tod zu akzeptieren. Das wollte ich nun endlich nachholen, denn ich hatte mich nie wirklich verabschiedet, da ich einfach nicht loslassen wollte. Mittlerweile jedoch glaubte ich, dass dies nötig ist, wenn man das Geschehene auch wirklich akzeptieren möchte. Statt es zu akzeptieren, wählte ich in so vielen verzweifelten Momenten immer wieder die Handynummer, in der Hoffnung, dass mich ein

„Hallo" erwartet. Doch mich erwartete kein „Hallo", sondern immer wieder nur „Kein Anschluss unter dieser Nummer" und immer wieder schlug mir die traurige Wahrheit mitten ins Gesicht. Nun stand ich zum ersten Mal am Grab, um der Realität in die Augen zu sehen, sie endlich zu akzeptieren. Dies tat in meinem Herzen verdammt weh und die Tränen wollten einfach nicht versiegen. Ich sank in mich zusammen und ich ertrug den Schmerz in diesem Moment kaum. Es war wie ein Stich in mein Herz, doch ich wusste, ich kann diesen Schmerz während der nächsten Therapiestunde teilen. Also versuchte ich, stark zu sein. Mittlerweile gehe ich regelmäßig zum Grab, bringe Blumen und Briefe hin oder liebevoll selbst gestaltete Geschenke und ich unterhalte mich in Gedanken. Bevor ich wieder gehe, schicke ich viele Küsse in den Himmel und ich lasse ganz viel von meiner unendlich großen Liebe da. Meiner tiefen Liebe, die niemals verblassen wird. Mittlerweile sind die vielen Besuche auf dem Friedhof ein trauriger, aber fester Bestandteil meines Lebens geworden und dieser Ort hat ein wenig seinen Schrecken verloren.

Inzwischen waren viele Monate vergangen und die Therapie verlief sehr erfolgreich, das fühlte ich immer deutlicher. Es war mir mittlerweile gelungen, der Hoffnungslosigkeit zu entkommen und ich fühlte eine immer größere seelische Entlastung. Ich habe mit der Zeit Verständnis für mein Verhalten in so vielen Situationen und für meine Gefühle erlangt. In mir keimte immer mehr der Wunsch auf, dem Leben wieder eine neue Chance zu geben. Ich fühlte mich insgesamt immer besser. Vor der Therapie dachte ich immer, ich sei wertlos. Ich fühlte mich oft so „klein" und als kein vollwertiges Mitglied der Gesellschaft. Doch ich machte in meiner Psychotherapie schnell die Erfahrung, dass ich von meinem Therapeuten bedingungslos „angenommen" wurde. Er hat mich von Anfang an so akzeptiert, wie ich bin, mit all meinen Stärken, aber auch mit meinen Schwächen, einfach in der Gesamtheit als Mensch. Es fühlte sich so an, als müsse ich mich bei ihm nicht verstellen, nur um vielleicht irgendwelche Fehler oder Schwächen zu verstecken. Ich konnte bei ihm so sein, wie ich bin und die Maske absetzen, die ich an jedem Morgen aufsetzte, wenn ein neuer Tag begann. Nur um den Menschen um mich herum zu zeigen, dass ich noch lebe und dass es mir gut geht, dass ich ein Mensch bin wie sie. Dabei wollte ich eigentlich gar nicht mehr leben, denn innerlich war ich längst tot und gut ging es mir längst nicht mehr. Zum ersten Mal nach vielen schweren Monaten wollte ich ehrlich sein und ich konnte erstmals, nach langem Schweigen, über vieles sprechen, was mein Herz so sehr bewegte. Immer und immer wieder redete ich über die Trauer und über noch so vieles mehr, was mein Herz schon vor vielen Jahren fast zerrissen hat und noch immer auf meiner Seele lastete wie ein schwerer Stein. Es gab viele schwerwiegende Ereignisse, die in meinem Leben geschehen waren und die mein Denken, Fühlen und Handeln im Unterbewusstsein enorm bestimmten und die es ebenso zu verarbeiten galt. Nicht alle meine Sorgen und Ängste waren frisch und lagen so offensichtlich an der Oberfläche meiner Seele. Viele Ursachen lagen viel tiefer. Voller Geduld versuchte er stets, diese zu erkunden. Er hörte mir geduldig zu, versuchte mich und meine Ängste und Probleme zu verstehen und war einfach da für mich. Er nahm mich an und gab mir das Gefühl, dass es gut ist, wie ich bin, dass ich mich nicht verstellen und auch nicht ändern müsse. Ich fühlte, dass er es ehrlich meint und mit der Zeit konnte auch ich selbst mich etwas annehmen und akzeptieren und auch ein Stück weit schätzen und lieben, wahrscheinlich zum ersten Mal im Leben. Mein Therapeut hat mir die Hand gereicht, um mir den Weg ins Sonnenlicht zu zeigen. Sehr gern habe ich die Hand angenommen, auch wenn ich anfangs nicht glauben konnte, dass ich das Licht eines Tages auch wirklich sehen werde. Anfangs war es nur Reden und ich bekam die Chance, mich zu stabilisieren und mein inneres Gleichgewicht wiederzufinden. Ich fühlte mich in den Gesprächen sehr wohl und ich konnte mich immer mehr öffnen. Irgendwann fühlte ich, dass die Therapie Früchte trug und ich mich immer besser fühlte, dass eine Heilung einsetzte. Plötzlich war da eine Kraft, die mir diese Ohnmacht nahm. Was diese stückweise Heilung letztendlich ausmachte, kann ich schwer beschreiben, denn dies ist mir selbst auch heute noch oftmals ein Rätsel. Eigentlich waren es nur Gespräche und eher versteckte Tipps und Ratschläge, die er mir gab, die ich jedoch selbst erkannte, ohne dass er mir sagte, was ich zu tun hatte oder was richtig oder falsch ist. Er hörte mir zu und stellte oft Fragen. Diese Fragen ließen mich nachdenken und die Antworten auf diese Fragen ließen mich in vielerlei Hinsicht auch umdenken. Durch das Erzählen hörte ich mir auch selbst zu und ich konnte zum ersten

Mal vieles selbst wahrnehmen, was ich fühle und was mich beschäftigt. Ich glaube, so intensiv hatte ich mich noch niemals im Leben mit mir selbst beschäftigt. Letzten Endes war es ungefähr so und es aus psychologischer Sicht besser zu erklären, bin ich leider nicht in der Lage. Ich bin einfach Stück für Stück mir selbst und vor allem auch dem Leben wieder näher gekommen. Er war einfach der für mich perfekte Therapeut, der in der Lage war, mir zu helfen und von dem ich gewillt war, diese wertvolle Hilfe auch anzunehmen. Dies, der „passende" Therapeut, ist für mich der ausschlaggebende Punkt und dafür bin ich sehr dankbar. Dankbar, auf diesen Therapeuten getroffen zu sein. Ich weiß, dass viele Menschen der Meinung sind, dass eine Psychotherapie ja nur eine Dienstleistung sei, doch für mich war es viel mehr als das, denn für mich ging es um mein Leben. Und eine Dienstleistung in Anspruch zu nehmen, heißt nicht automatisch, auch eine gute Leistung zu bekommen. Es ging um mein Leben, mag gerade völlig übertrieben klingen, doch genau so war es, denn ich hatte mich und mein Leben zu diesem Zeitpunkt nahezu aufgegeben und ich habe keine Chance mehr gesehen, mich aus diesem Teufelskreis allein zu befreien. Die Erkrankung Depression hat eine ungeheure Kraft, die mich oftmals zum verhängnisvollen Trugschluss verleitete, dass der Tod sinnvoll und eine Erlösung von meinen Seelenqualen sei. Und mich aus meinem tiefen Loch zu befreien, in das ich kaum noch tiefer hätte fallen können, war zu dieser Zeit alles andere als eine leichte Aufgabe. Mein Schicksal lag in seinen Händen. Mein Leben hing am seidenen Faden. So fühlte es sich zumindest für mich an, als ich zum ersten Mal völlig verzweifelt und hoffnungslos seine Praxis betrat. Doch ich wurde mit so viel Freundlichkeit, Sympathie und ehrlicher Anteilnahme aufgefangen. Im Laufe der vielen Therapiestunden fühlte ich immer deutlicher, dass in mir eine immer größer werdende Veränderung einsetzte. Anfangs wurde ich von ihm auch in meiner meist negativen Sichtweise akzeptiert, doch die eingefahrenen negativen Denkmuster und Strukturen konnte ich immer mehr verändern und in positive umwandeln. Der Mut zu leben war wieder da und auch die Freude am Leben. Das Wichtigste an allem war das Ziel, dass ich mich wieder dem „Lebendigen" widmen wollte, wieder nach vorn statt nur rückwärts zu schauen. Ich wurde wieder auf meinen richtigen Weg gebracht, auf dem vor der Therapie nur noch Steine lagen. Während der Therapie wurde „Samen" gesät. Langsam fingen die Blümchen an zu blühen und heute strahlen sie in voller Blütenpracht. Ich fühlte mich irgendwann wie eine Blume, die vor der Therapie völlig verwelkt und vertrocknet war und die nun immer mehr aufblühte und in den schönsten Farben erstrahlte. Was hat diese Blume alles auf sich genommen, um eines Tages wieder so zu leuchten? Und dies war nun endlich der Dank dafür. Blüten in den prächtigsten Farben, strahlender Glanz, so streckte sich diese Blume wieder dem Licht entgegen. Die Blume fing einfach wieder an zu leben. Ich habe mich oft gefragt, warum mein Therapeut in der Lage war, mir so wahnsinnig gut zu tun. Es schien mir manchmal, als ob es auch oder vor allem die „Beziehung" zwischen ihm und mir war, die mich heilte. Die gute „Beziehung" zwischen Therapeut und Patient, die ich als sehr wichtig empfand, denn ich hatte zuvor bereits eine Erfahrung mit einem anderen Psychotherapeuten gemacht, bei dem die Chemie einfach nicht stimmte und zu dem ich kein Vertrauen aufbauen konnte. Im Vergleich zu ihm war ich nun unendlich froh und dankbar. Dankbar, dass er genau so war, wie er war, in jedem einzelnen Moment.

Ich habe in meinen anderen Büchern die professionelle Distanz ein wenig kritisiert. Vielleicht nicht kritisiert, doch zumindest erwähnte ich, dass ich sie oftmals so gern gegen etwas Nähe eingetauscht hätte. Heute, mit etwas Abstand zur Therapie, möchte ich die Wörter „professionelle Distanz" gegen „professionelle Nähe" eintauschen. Diese Wörter sind wohl treffender dafür, wie er sich mir gegenüber verhalten hat, denn er hat sich nie so wirklich distanziert und schon gar nicht kühl mir gegenüber verhalten. Nein, er war mir „nah", doch es war eine professionelle Nähe, die halt ihre Grenzen hatte. Grenzen, die ich so gern ab und an überschritten hätte, doch ich fühlte zu jeder Zeit, dass dies keinen Sinn machen würde. Also versuchte ich, es von Anfang an zu akzeptieren. Mit wirklicher Distanz und Kälte wäre es mir wohl niemals gelungen, dieses „echte" menschliche Vertrauen und solch positives Gefühl zu ihm aufzubauen. Vertrauen ist ein großes Wort und dieses zu fühlen, war etwas ganz Besonderes für mich. Die Chemie stimmte einfach, darauf kam es an. Der Psychotherapeut muss nicht perfekt sein. Nein, das ist wahrscheinlich auch nicht wichtig. Welcher Mensch ist schon perfekt? Obwohl mir mein Therapeut natürlich perfekt vorkam und es fällt mir gerade schwer, das zuzugeben, denn er wird das wahrscheinlich jetzt wieder „idealisieren" nennen. Ich mochte dieses Wort nie, denn es nahm meine Gefühle nicht ernst, so schien es mir oft. Die „Beziehung" zum Therapeuten entscheidet meiner Meinung nach enorm über den Therapieverlauf. Dabei sollte man auf sein Bauchgefühl und sein Herz hören, denn man fühlt es sehr schnell, ob der Therapeut zu einem selbst passt. Ich habe dafür keine fünf Probestunden benötigt. Ich wusste es bereits am ersten Tag, in den ersten zehn Minuten. Ich stellte im Laufe der Monate fest, wie ich immer stärker wurde und es mir immer mehr gelang, die positiven Veränderungen in meinen Alltag zu transportieren und vor allem, was das Wichtigste war, mich selbst wieder in das Leben zu integrieren. Stück für Stück wieder ein Teil des wertvollen Lebens zu werden, das ich vor der Therapie nahezu aufgegeben hatte, war ein so schönes und wertvolles Gefühl. Mit oftmals nur kleinen Schritten zurück in mein Leben, doch jeder Schritt davon war so wertvoll und ein Schritt in die richtige Richtung. Und plötzlich war ich wieder mittendrin im Leben und das fühlte sich so verdammt gut und vor allem sehr befreiend an. Zum ersten Mal nach vielen leidvollen Monaten war ich wieder ein Stück weit glücklich, während ich zu Zeiten meiner Depression glücklich zu sein dem Anschein nach verlernt hatte. Ich fühlte, dass mein Weg langsam aber sicher raus aus der Dunkelheit und hinein ins Licht führt. Dieses wunderbare Gefühl wollte ich unbedingt festhalten. Umso mehr bemühte ich mich von nun an, noch mehr an mir zu arbeiten, um wieder völlig gesund zu werden.

In meinem Buch „Meine Psychotherapie" schildere ich ebenso, wie mein Psychotherapeut im Laufe der Monate immer wichtiger für mich wurde. Gemocht habe ich ihn von Anfang an, doch irgendwann fühlte ich, dass es mittlerweile viel mehr als nur mögen war. Viele Therapiestunden, viele Monate, waren mittlerweile vergangen und es war für mich inzwischen unvorstellbar, je wieder von ihm Abschied zu nehmen. Aufgrund des besonderen „Verhältnisses", das sich meiner Meinung nach aus der intensiven Therapiearbeit und des grenzenlosen Vertrauens, das ich zu ihm aufgebaut hatte, ergab, hatte ich Gefühle für ihn entwickelt. Gefühle, die ich weder definieren noch verstehen konnte. Und erst recht nicht konnte ich mit ihnen umgehen. Ich sehnte mich nach Nähe und die Distanz tat oft sehr weh. Ich versuchte, diese Gefühle zu verdrängen, doch es gelang mir nicht. Damals nannte ich es Gefühle, um nicht ganz so „verrückt" zu klingen. Heute kann ich sagen, dass es wahrscheinlich schon so war, dass ich mich in ihn verliebt hatte. Ich wollte es nicht wahrhaben, doch ich machte dennoch kein Geheimnis daraus. Ich sprach sehr ehrlich und offen mit ihm darüber, denn ich wusste mittlerweile, dass ich mit ihm über alles reden kann. Die Gefühle wurden sehr oft zum Gegenstand der Gespräche, denn ich bin grundsätzlich ein sehr ehrlicher Mensch. Mich haben schon immer eher ehrliche Menschen fasziniert. Menschen, die sich so zeigen, wie sie sind, die keine feigen Ausreden oder Lügen benutzen, um vielleicht irgendein Ziel zu erreichen oder um sich ins bessere Licht zu rücken, sondern die ihre eigene Stärke in der Wahrheit finden. Notfalls trage ich dafür auch die Konsequenzen. Wollte ich doch das, was ich fühlte, zumindest verstehen können. Dies ist mir zwar nur zum Teil gelungen, doch mein Therapeut erklärte mir zumindest, dass es nicht so untypisch sei, dass während einer Psychotherapie Gefühle für den Therapeuten entstehen können. Wer mein Buch gelesen hat, weiß, dass es mir dennoch oft nicht leicht fiel, meine Gefühle, meine Verliebtheit, in Worte zu fassen, da ich mich sehr dafür schämte, denn mich in meinen Psychotherapeuten zu verlieben, war nicht der Plan oder das Ziel der Therapie. Zumal ich das auch niemals geglaubt hätte oder mir im Vorfeld jemals hätte vorstellen können, dass so etwas passieren könnte. Nein, damit hätte ich wirklich niemals gerechnet. Nicht mal mögen konnte ich mir im Vorfeld vorstellen. Umso schwerer fiel es mir, das, was mit und in mir passierte zu realisieren.

Mehr als einmal habe ich überlegt, die Therapie aus Verliebtheitsgründen zu beenden, da ich manchmal überhaupt nicht mit der Situation umgehen konnte. Heute weiß ich, dass dies ein Fehler gewesen wäre, denn ich wäre nur weggelaufen vor den Problemen, doch das wollte ich nicht. Gab es schließlich berechtigte Gründe und Ziele für meine Therapie, die ich nicht aus den Augen verlieren wollte. Die Therapie unter diesen Umständen weiterzuführen, war jedoch nicht immer einfach, denn unerwiderte Gefühle sind oftmals sehr schwer. Doch so einfach wollte ich es mir nicht machen. Also musste ich da durch und ich wollte versuchen, die Gefühle zumindest ein Stück weit beiseite zu schieben. Dies ist nicht wirklich gelungen, doch an mir und meinen Problemen habe ich dennoch zu jeder Zeit weiter gearbeitet und ich habe mein Ziel nie aus den Augen verloren. War es schließlich schon in so greifbarer Nähe. Wieder sah ich die Momente tiefster Verzweiflung vor meinem Auge ablaufen. Ich hatte riesige Angst, jetzt aufzugeben und wieder in dieses Loch zu fallen, aus dem ich gerade dabei war mich zu befreien. Nein, das musste ich unbedingt verhindern und das tat ich auch. Ich gab nicht auf. Wie erwartet und so, wie ich meinen Therapeuten mittlerweile auch einschätzte, ging er sehr einfühlsam und behutsam mit mir und meinen Gefühlen um und einmal mehr erkannte ich, warum mir dieser wundervolle Mensch so wichtig geworden war. Er war einfach der beste

Therapeut, den ich für mich hätte wählen können. Doch dies machte die Sache nicht einfacher, sondern schwieriger, denn ich wollte diesen Menschen nie wieder missen. Auch an diesem Gefühl konnte ich nichts mehr ändern. In meinem Herzen begann ein Gefühlschaos und ich wollte am liebsten, dass die Psychotherapie niemals endet. Viel zu sehr hatte ich mich an die Gespräche und vor allem an meinen Therapeuten gewöhnt. Doch die verbleibenden Stunden rannten von nun an noch schneller und mit ihnen nahte auch immer mehr der Abschied. Ich fürchtete mich davor mittlerweile so sehr, dass ich den Abschied unbedingt verhindern wollte. Doch das konnte ich nicht und wer mein Buch gelesen hat, weiß, wie schwer mir die letzte Therapiestunde fiel und wie sehr es mir mein Herz zerriss, meinem Therapeuten zum letzten Mal „Auf Wiedersehen" zu sagen, die Tür für immer zu schließen und ihn vielleicht niemals mehr wieder zu sehen und zu hören. Der Verlust riss zudem wieder Wunden auf, denn er erinnerte mich an geliebte Menschen, die ich für immer verloren hatte. Der riesige Schmerz sickerte wie Säure in die alten Wunden, die sich plötzlich wieder so offen anfühlten und enorm schmerzten. Waren es doch in erster Linie genau diese Wunden, die mich zu ihm geführt hatten. Der Verlust wog unendlich schwer, denn ich hatte mittlerweile das Gefühl, ohne ihn nicht mehr leben zu können und auch nicht zu wollen. Dies hört sich im Moment für manch einen vielleicht völlig übertrieben oder unverständlich an, doch genauso fühlte es sich für mich in diesem Moment an. Doch man muss es nicht verstehen können, denn ich selbst konnte es ja auch nie wirklich. Alles, was ich spürte, war eine riesige Verlustangst und noch mehr fühlte ich, dass mich dieses tiefe Gefühl völlig übermannte und mich beherrschte. Ich konnte mich gegen dieses Gefühl einfach nicht wehren. Das Gefühl, dass ich meinen Therapeuten auf keinen Fall verlieren möchte und ich hätte alles dafür getan, dass dies nicht geschieht. Der Gedanke an den Abschied und erst recht der Abschied selbst hat mich schier zerrissen. Wirklich verstehen kann dies wahrscheinlich nur jemand, der selbst eine Psychotherapie gemacht hat und ebenso eine gute und vertrauensvolle „Beziehung" zum eigenen Psychotherapeuten hatte. Ich glaube, nur diese Menschen wissen, wovon ich gerade spreche.

Während der Therapie hielt ich mich wieder einmal, wie so oft im Leben, für so völlig anders und auch verrückt, dass ich so fühle. Daraus resultierte auch das Schamgefühl. Heute glaube ich, dass es wahrscheinlich vielen Menschen nach einer Psychotherapie so geht, dass sie ihren Therapeuten nach einer solch langen und intensiven Zeit nicht verlieren möchten und sie ihn nach der Therapie vermissen. Heute möchte ich mich nicht mehr dafür schämen, meinen Therapeuten in mein Herz geschlossen zu haben. Einen Therapeuten benötigte ich mittlerweile jedoch nicht mehr und ich kam ohne ihn, zumindest als Therapeut, auch gut aus, denn es gab inzwischen keine Probleme mehr, die ich nicht selbst hätte bewältigen können. Ich fühlte mich mittlerweile so stark wie schon lange nicht mehr und ich fühlte mich voller Selbstvertrauen, meine Lebensqualität war wieder hergestellt. Doch ich kam nicht ohne ihn als Mensch aus, daher hätte ich ihm so gern eine neue Rolle gegeben. Eine Rolle, um ihn in mein „neues" Leben zu integrieren und ihn nicht in meinem „alten" Leben zurück lassen zu müssen. In jenem Leben, das nur noch durch Trauer, Schmerz und Depression geprägt war. Doch so sehr ich es mir auch wünschte, es gab keine Rolle für ihn, denn ein Therapeut ist nun mal ein Therapeut, nicht mehr und auch nicht weniger. Nicht weniger, das konnte ich akzeptieren. Nicht mehr, das fiel mir schon um einiges schwerer. Doch egal, wie ich das Blatt auch versuchte, zu drehen oder zu wenden, es ergab keinen Sinn und ich fand keine Lösung, mit der ich zu diesem Zeitpunkt hätte leben können und ich fand auch keine Lösung, wie ich ihn „behalten" konnte. Die einzige Rolle, die ich ihm symbolisch vergeben konnte, war die Rolle als mein „Retter". Mehr blieb mir leider nicht übrig. Daher versuchte ich, gegen die starken Gefühle anzukämpfen und ich erklärte meinem Kopf immer und immer wieder, dass er doch „nur" mein Therapeut ist. Mein Kopf verstand dies auch, doch mein Herz wollte es keineswegs akzeptieren, denn für mich und mein Herz war dieser Mensch mittlerweile viel mehr als nur mein Therapeut. Doch ich konnte nichts dagegen tun und mich erst recht nicht gegen diese mittlerweile so tiefen Gefühle wehren und so verließ ich mit einem wieder einmal zerrissenen Herzen zum letzten Mal die Praxis und ich verlor damit den für mich so wichtig gewordenen Menschen. Dieser Verlust wog unendlich schwer und er machte mich sehr traurig. Wieder auf eigenen Beinen zu stehen, fühlte sich auf der einen Seite so wunderbar an, doch auf der anderen Seite wollte es mir einfach nicht gelingen, mich von diesem Menschen zu lösen. Viel zu sehr war er mir ans Herz gewachsen. Zu Hause angekommen, fiel ich wieder in ein kleines Loch und die nächsten Tage waren gefüllt mit Traurigkeit und Wehmut, denn ich musste viel an meinen Therapeuten denken. Ich vermisste ihn oft so sehr. So gern wäre ich wieder in seine Praxis gefahren. Es war wirklich sehr schwer. Doch ich versuchte, nicht allzu lange in diesem Loch zu verharren, denn der Therapieerfolg war mir viel zu wichtig und ich wollte ihn auf keinen Fall mit meiner Verliebtheit gefährden. Ich wollte nicht, dass alles, was er und ich uns gemeinsam so mühevoll „erkämpft" und aufgebaut hatten, umsonst war. Die Bilder der vielen verzweifelten Monate, als mich meine Depression so sehr lähmte, liefen wieder wie ein Film vor mir ab. Nein, nie wieder wollte ich in diese Hölle Depression zurück. Nie wieder! Wer einmal in dieser Hölle war und wer mein Buch gelesen hat, weiß, wovon ich spreche. Also versuchte ich, stark zu sein und weiter nach vorn zu schauen. Ich versuchte mehr oder weniger, mich damit abzufinden, dass dieser Mensch auf irgendeine Art und Weise für mich unerreichbar ist und es auch immer sein wird. Es ist schwer zu erklären, aber irgendwie ist es genauso, auch wenn mich dies schon oft sehr traurig gemacht hat. Wer keine Es fiel mir sehr schwer, die Psychotherapie zu beginnen und ich war mir vor der Therapie ganz sicher, dass ich froh sein werde, wenn die Stunden endlich zu Ende sind. Ich war mir sogar ziemlich sicher, dass ich sie nicht einmal zu Ende führen werde. Sollte es schließlich nur ein Versuch sein, der sowieso nicht gelingen wird, war ich mir im Vorfeld ziemlich sicher. Ein paar Stunden werde ich absitzen, vielleicht fünf, dachte ich. Nur, um dann sicher zu sein, dass ich es wenigstens versucht habe. Ich konnte mir schließlich nicht vorstellen, dass es irgendwem noch gelingt, mich aus dieser Verzweiflung zu lösen. Dass es letzten Endes so sein wird, dass ich die letzten Therapiestunden voller Bange zählen werde, dass ich nicht gehen möchte und ich Angst habe, meinen Therapeuten zu verlieren, nein, das hätte ich wirklich niemals geglaubt. Und erst recht nicht, dass ich meinen Therapeuten nach Therapieende vermissen werde. Niemals im Leben hätte ich es mir so vorgestellt. Aber so unvorstellbar es irgendwann auch ist, die Zeit einer Psychotherapie ist halt befristet. Es ist eine sehr wertvolle Begleitung, aber halt nur eine Begleitung auf Zeit. Leider möchte man dies sehr gern irgendwann „vergessen", wenn erst einmal dieses Vertrauensverhältnis aufgebaut ist, der Therapeut im eigenen Herzen einen so besonderen Platz eingenommen hat und man ihn nicht mehr missen möchte. Dies ist der Fall, wenn der Mensch selbst wichtiger geworden ist als der Therapeut. Leider ist es genau dann an der Zeit, Abschied zu nehmen. Doch wer mag schon einen Abschied von einem besonderen Menschen? Abschiede zählen nicht umsonst zu den schmerzvollsten Erfahrungen unseres Lebens. Doch ich war stark und ich habe weiter für mein Ziel gekämpft und hart an mir gearbeitet, an jedem einzelnen Tag. Habe ich schließlich so oft schon in meinem Leben bewiesen, dass ich eine Kämpferin bin und das werde ich auch dieses Mal sein, schwor ich mir. Immer wieder hielt ich mir mein Ziel vor Augen.

Ich hatte so viel schon geschafft, ich war auf dem besten Weg, psychisch wieder völlig gesund zu werden.

Der Grund, dass ich dieses Buch schreibe, ist, dass ich den Menschen, die meine Bücher gelesen haben, die Möglichkeit geben möchte, zu erfahren, wie es mir heute geht. Denn auf irgendeine Art und Weise ließen meine Bücher das Ende ja doch offen, wie es nach einer Depression und nach einer beendeten Psychotherapie nun mal leider meist der Fall ist. Man weiß nicht, wie es dem Menschen ein Jahr später geht und das ist eigentlich sehr schade. Des Weiteren möchte ich psychisch kranken Menschen, die sich vielleicht fragen, ob sie eine Therapie wagen sollen, Mut und Hoffnung schenken. Ich möchte ihnen vermitteln, dass es auf jeden Fall lohnenswert ist, diesen Versuch zu starten. Es ist eine große Chance, bei der der Erkrankte nichts verlieren, sondern nur gewinnen kann. Was ich selbst gewonnen habe, ist mein wertvolles Leben, als das ich es heute dank der Psychotherapie wieder sehe. Mein Leben, das ich sehr liebe und schätze und das ich vor der Therapie fast verloren hatte. Ein weiteres Ziel meines Buches ist es, den Menschen, die sich nach einer beendeten Psychotherapie kritisch oder negativ dazu äußern, zu widersprechen. Denn ich halte so manche Kritik für unberechtigt und ich finde es nicht fair, für ein Scheitern der Psychotherapie immer nur allein den Therapeuten verantwortlich zu machen. Ich glaube, dass viele Patienten einfach zu hohe Erwartungen an den Therapeuten stellen. Ich bin mittlerweile der festen Überzeugung, dass der

Therapeut ohne die aktive Mithilfe des Patienten den Erfolg nicht gewährleisten kann. Der Therapeut kann keine Probleme wegzaubern, denn er ist kein Wunderheiler, genau wie ein Antidepressivum keine Wunderpille ist. Von beiden Seiten, Patient und Therapeut, erfordert es 50 Prozent Mithilfe. Eine erfolgreiche Therapie benötigt einen aktiven und keinen passiven Patienten. Nur so kann eine Psychotherapie letztendlich auch wirklich funktionieren, weiß ich heute. Auch ich musste tagtäglich hart für mein Ziel kämpfen. Mein Ziel war es, in das Leben zurückzufinden und nicht mehr nur teilnahmslos am Rande des Lebens dahin zu vegetieren. Ohne diesen „Kampf", ohne die Bereitschaft, therapiert zu werden, mich auf den therapeutischen Prozess auch wirklich einzulassen und etwas verändern zu wollen, wären eine Gesundung und ein Neuanfang niemals möglich gewesen. Ein Therapeut kann immer nur so gut sein, wie der Patient es ermöglicht und wie er bereit ist, sich helfen zu lassen und seinen Beitrag dazu zu leisten, das weiß ich heute. Dies möge sich im Moment vielleicht einfach lesen, doch auch ich war nicht von Anfang an stark genug für diesen „Kampf. Auch ich hatte oft das Gefühl, auf der Stelle zu treten und manchmal schien es sogar, als würde ich rückwärts gehen. Dies waren Momente, wo die Wunden im Herzen, die mich zu ihm geführt hatten, mal wieder zu sehr schmerzten und ich glaubte oftmals, diesen Schmerz niemals überwinden zu können. So manches Mal hätte ich, insbesondere am Anfang der Psychotherapie, so gern aufgegeben, wenn mich die Kraft und die Hoffnung wieder einmal verließen. Mein Therapeut hingegen hat mich zu keiner Zeit aufgegeben und mir immer wieder den Mut und die Stärke gegeben, an mich zu glauben und weiter zu kämpfen. Mit ihm "an meiner Seite" fühlte ich mich von Woche zu Woche immer stärker. Und irgendwann fühlte ich mich wieder stark genug für das Leben. Stark genug, um mich wieder allein im Leben zurechtzufinden. Ich brauchte nicht mehr meinen Therapeuten, der mich „an die Hand nimmt" und mir meinen Weg zeigt. Ich konnte die „Hand loslassen", die er mir gereicht hatte, um über diese oftmals so wacklige Brücke zu gehen. Ich vertraute wieder auf mich selbst und auf meine eigene Stärke, die ich eigentlich immer in mir trug, die ich nur leider für eine Zeit lang verloren hatte. Nun war sie wieder da und ich konnte an sie und an mich selbst glauben. Ich selbst hatte mich nach vielen Stunden entschieden, meine Therapie zu beenden. Die Therapie zu verlängern, nur weil ich mich von meinem Therapeuten nicht trennen wollte, kam mir nie in den Sinn, denn das wäre unfair den kranken Menschen gegenüber gewesen, die so dringend eine Psychotherapie benötigen und sehnsüchtig auf einen freien Platz warten. Nein, das konnte ich mit meinem Gewissen nicht vereinbaren. Ich hatte mir während der Therapie oft selbst gesagt, wenn ich meinen Therapeuten nicht mehr brauche, ich im Leben wieder allein klarkomme und auf eigenen Beinen stehe, dann habe ich mein Ziel erreicht. Dies war nun der Fall, fühlte ich immer deutlicher. Die Trennung zu akzeptieren, fiel dennoch nicht leicht, doch er ließ mich ziehen. Auf der einen Seite tat dies sehr weh, denn es fühlte sich für mich so an, dass ich ihm völlig egal bin, während ich es kaum ertrug, von ihm Abschied zu nehmen. Doch es bedeutete auf der anderen Seite für mich auch, dass er es mir zutraute, dass ich wieder allein im Leben zurechtkomme. Also traute ich es mir auch zu und ich konnte das letzte Stück Unsicherheit ablegen, denn ich vertraute ihm mittlerweile blind und zu 100 Prozent. Wenn er der Meinung ist, dass ich es schaffen kann, dann schaffe ich es auch, war ich mir mittlerweile sicher und ich fühlte mich immer stärker. Stark genug für das Leben fühlte ich mich und ich wollte diese große Bewährungsprobe unbedingt meistern und einmal mehr beweisen, dass ich eine Kämpferin bin.

Ein Jahr ist mittlerweile seit dem Ende vergangen und nun zur entscheidenden Frage: Wie geht es mir heute? Die Kurzversion wäre, dass es mir auch ein Jahr nach meiner Psychotherapie immer noch sehr gut geht. Ich könnte die Frage mit nur einem Satz beenden. Ich könnte sagen „Ich kann wieder lachen und ich lebe wieder, ich bin wieder ein glücklicher Mensch!" Doch genau, wie ich in meinen anderen Büchern zahlreiche Beispiele und das komplette Ausmaß für meine psychische Erkrankung Depression beschrieben habe, möchte ich auch meine Genesung nicht mit nur einem Satz erklären. Denn so gut, wie ich mich heute fühle und die vielen Bereiche des Lebens, in denen ich die positiven Veränderungen so deutlich spüre und an jedem einzelnen Tag so bewusst wahrnehme, dafür reicht nur ein Satz einfach nicht aus. Dass die Psychotherapie sehr positiv und erfolgreich verlief, so viel war längst klar und das war auch für niemanden mehr zu übersehen. Mir war jedoch letzten Endes auch von Anfang an bewusst, dass ich mich auf dem Erfolg auf keinen Fall ausruhen darf, um diesen auch die nächsten Monate und Jahre festhalten zu können. Ich hatte große Angst, dass ich einen irgendwann vielleicht Rückschlag erleide. Ich wusste, dass ich für diesen Erfolg weiter „kämpfen" muss, damit mir dies nicht passiert. Und ich kann heute, ein Jahr später, mit großem Stolz sagen, dass es mir bis zum heutigen Zeitpunkt gelungen ist. Mir geht es sehr gut und damit dies auch so bleibt, dafür „kämpfe" ich jeden einzelnen Tag. Ich „kämpfe" für mich und mein Leben, das ich sehr liebe und das ich niemals wieder freiwillig so aufgeben möchte. Die ersten Tage und Wochen nach der Therapie waren, wie bereits erwähnt, sehr schwer, doch das lag einzig und allein daran, dass ich meinen Therapeuten sehr vermisste. Dies tat weh, denn ich fühlte in meinem Herzen ein Stück Leere und ein großes Stück Sehnsucht nach diesem Menschen. Sehnsucht, die ich an manchen Tagen kaum stillen konnte. Doch so sehr ich diese Gefühle auch oft verflucht habe, sie waren auch sehr wertvoll, die tot geglaubten Gefühle, die mein Therapeut aus der Verdrängung befreit hat. Ich fand wieder Zugang zu meinen eigenen Gefühlen und das fühlte sich gut und richtig an, denn ich bin ein Mensch, der gern aus tiefstem Herzen fühlt und zu großen Gefühlen fähig ist. Doch vor der Therapie gab es eine Zeit, da hatte ich das Gefühl, als trüge ich in meinem Körper ein fremdes, emotional abgestumpftes Herz, das nicht mehr fühlen kann. Das war wie Luft ohne Atmen. Oder wie Atmen ohne Luft? Es war auf jeden Fall nicht schön, denn zu großen Gefühlen fähig zu sein, ist es schließlich, was mich als Menschen auszeichnet und genau dieser Mensch bin ich heute wieder. Ich liebe und fühle wieder aus tiefstem Herzen. Mein Herz ist wieder gefüllt mit purer Liebe und viel Wärme. Dies ist eine ganz besondere Art zu leben. Ohne die Liebe und tiefe Gefühle bin ich nur ein „halber"

Mensch, das bin dann nicht mehr ich. So will ich nicht sein. Die Sehnsucht nach meinem Therapeuten wollte lange Zeit nicht schwinden, doch auf der anderen Seite fühlte ich jeden Tag, dass ich viel stärker geworden bin. Darum wollte ich nicht, dass die Sehnsucht und die Traurigkeit den Therapieerfolg zunichte machen. Daher gab ich meinem Verstand die Aufgabe, das Herz endlich auszuschalten, zumindest was ihn anbelangte. Dies ist mir nicht komplett gelungen, doch zumindest versuchte ich, mit meiner neu erlangten Stärke die Traurigkeit in Dankbarkeit umzuwandeln, denn dankbar war ich, an jedem einzelnen Tag. Dankbar, dass ich genau auf ihn getroffen war. Ich schreibe der Empathie eines Therapeuten oftmals einen großen Stellenwert zu, jedoch schien es mir in vielen Momenten so, dass auch wir Patienten in gewisser Hinsicht in der Lage sein sollten, empathisch zu sein und Verständnis aufzubringen, um die Schlussfolgerungen und Deutungen des Therapeuten sinnvoll für uns nutzen zu können und die Therapie wirklich zuzulassen. Das bedeutete für mich, dass auch ich als Patient stets versuchte, zu erkennen, was mein Therapeut mir sagen wollte, wenn er mir „versteckte" Hinweise oder Ratschläge gab, die ich selbst erkennen sollte. Habe ich ihm nicht dank meiner Empathie überhaupt erst seine Empathie ermöglicht? Mir schien es manchmal so, dass auch die therapeutische Beziehung, genau wie jede andere Beziehung, aus einem Geben und Nehmen besteht. Und nur, wenn diese Mischung vorhanden ist, kann die therapeutische „Beziehung" letztendlich auch funktionieren. Dies hängt meiner Meinung nach immer von beiden Seiten ab.

Doch wie ging es nun weiter nach meiner Psychotherapie? Die erste Woche danach versuchte ich, erst einmal wieder im Leben anzukommen, meine Fühler auszustrecken, mich zu orientieren und meinen Lebensinhalt neu zu sortieren. Ich habe mein „neues" Leben, das mir ohne meinen Therapeuten erst einmal völlig fremd vorkam und in dem ich mich ohne ihn einsam und irgendwie auch verloren fühlte, von allen Seiten betrachtet. Ich habe es neu „kennengelernt" und mit der Zeit habe ich versucht, neue Prioritäten zu setzen. Die negativen Denk- und Verhaltensweisen waren längst erkannt und in positive umgewandelt. Langsam tastete ich mich an mein Leben wieder heran, das ich nun völlig verändern wollte. Ich saß zu Hause und ich fühlte, dass die Lebensfreude plötzlich jeden Tag wieder an meine Tür klopfte und ich Lust hatte, sie hereinzulassen und am Leben wieder teilzunehmen. Ich habe meinem Alltag eine neue Struktur gegeben und habe angefangen, mein Leben wieder selbst zu bestimmen, während ich mich vor der Therapie nur noch treiben ließ, ohne Richtung und ohne Ziel. Mein Leben war vor der Therapie nur noch schwarz, ich habe meinem Leben nun wieder Farbe gegeben. Ich musste vor allem auch lernen, ohne meinen Therapeuten klarzukommen und vor allem, mich von ihm zu entwöhnen. Dies hatte ich auch die letzten Therapiestunden bereits versucht, doch es wollte mir nicht mehr gelingen. Viel zu wichtig war dieser Mensch für mich geworden. Auch nach Therapieende war dies eine der schwersten Prüfungen, die ich zu bestehen hatte, denn diese Lücke auszufüllen, war nicht einfach. Da fehlte einfach jemand. Ein ganz besonderer Mensch. Doch ich wollte nicht loslassen von meinem Ziel. Ich hatte viel zu hart dafür gekämpft und an mir gearbeitet, als dass ich so einfach aufgegeben hätte. Mein Therapeut war nicht mehr an meiner Seite, die Psychotherapie war zu Ende, doch in meinem Inneren ging sie dennoch irgendwie weiter, so fühlte es sich oftmals an. Ich habe weiter an mir gearbeitet, habe nichts dem Zufall überlassen und jeden Tag versucht, das „Gelernte" in die Tat umzusetzen. Ich habe mich, insbesondere kurz nach der Therapie, oft gefragt, was er jetzt wohl sagen würde, welchen Rat er mir gerade geben würde. Mein Alltag nahm Gestalt an, er bewegte sich wieder im normalen Rahmen. Ich fühlte mich einfach gut. Ich ging mittlerweile wieder zur Arbeit, nachdem ich einige Monate aus psychischen und mittlerweile auch aus körperlichen Gründen krank war. Mein Immunsystem war dem psychischen Stress irgendwann nicht mehr gewachsen und hatte in vielerlei Hinsicht Alarm geschlagen, denn Körper und Seele sind untrennbar miteinander verbunden. Doch nun ging es mir wieder gut und ich meisterte mein Leben wieder ganz allein und so oft habe ich an meinen Therapeuten gedacht und ich wusste, dass er ganz sicher sehr stolz auf mich wäre.

Eigentlich liebte ich meine Arbeit immer, doch wirklich glücklich war ich dennoch schon lange nicht mehr. Ich hatte immer mein Bestes gegeben und stets tadellose Arbeit abgeliefert. Doch positive Resonanz gab es nur selten. Zumindest ist sie kaum bis zu mir durchgedrungen. Meist haben die Kollegen aus anderen Abteilungen die Lorbeeren für meine sehr gute Arbeit geerntet. Gearbeitet habe ich immer hart, von früh bis abends und wenn ich nach Hause kam, war ich meist völlig am Ende meiner Kräfte, habe meinen Haushalt noch erledigt und bin spät nachts völlig erschöpft ins Bett gefallen. Manchmal hatte ich das Gefühl, der Tag müsste 30 Stunden haben, um alles erledigen zu können, was ich mir vornahm. Eigentlich war es kein Wunder, dass die Trauerfälle mir die letzte Kraft geraubt hatten. Zehrte ich schließlich längst an meiner Reservekraft, der Akku war einfach leer. Das Wochenende hat meist nicht einmal mehr ausgereicht, um mich vom Stress zu erholen. Die Kraft langte erst recht nicht mehr für irgendwelche Hobbys oder Unternehmungen, da ich das Gefühl hatte, ich muss mich einzig und allein darauf konzentrieren, dass ich wieder genügend Kraft für die neue Arbeitswoche finde. Und so lebte ich Woche für Woche, doch wirklich leben konnte man es eigentlich nicht mehr nennen. Wollte ich doch eigentlich immer nach dem Prinzip handeln: Arbeiten, um zu leben und nicht leben, um zu arbeiten, doch dies war längst nicht mehr der Fall. Fast alles drehte sich nur noch um die Arbeit, das Leben kam viel zu kurz. Einige Tage nach Therapieende wurden in meiner Firma betriebliche Veränderungen unterbreitet. Ich hatte die Wahl zwischen bleiben oder gehen und wahrscheinlich wäre bleiben und ein paar Veränderungen in Kauf zu nehmen die bequemere der beiden Möglichkeiten gewesen. Doch ich bat um Bedenkzeit, denn ich stellte mir die Frage, ob ich diese Chance nutzen und mich umorientieren sollte. Viel zu lange hatte ich dies bereits in Erwägung gezogen, doch mir fehlten immer die Kraft und auch der Mut dazu. Doch nun fühlte ich mich dank der Therapie viel stärker. Ich fühlte mich mittlerweile stark genug für eine berufliche Veränderung. Ich wusste, ich könnte es schaffen. Ich sah es als eine Herausforderung, doch noch viel mehr sah ich es als große Chance, auch diesem Bereich, meinem Arbeitsleben, wieder neue Farbe zu geben, zufriedener zu sein und vielleicht auch etwas mehr Zeit zu finden, um mein Leben wieder mehr genießen zu können, denn dies war nach der Therapie mein größter Wunsch. Viel zu viele Monate meines Lebens hatte ich während meiner Depression verschenkt. Ich hatte so viel nachzuholen, so schien es mir. Also ergriff ich die Chance, lehnte das Angebot der Veränderung ab und stellte mich der Herausforderung nach einer neuen Arbeitssuche. Dies hört sich im Moment vielleicht einfach an, doch zu dieser Zeit war es alles andere als leicht. Das

Gewohnte zu verlassen und mich auf etwas Neues einzulassen, ging auch mit Unsicherheit und Zweifeln einher. Es erforderte viel Mut, Energie und Risikobereitschaft. Doch zum Glück musste ich nur eine einzige Bewerbung versenden und ich bekam eine Zusage. Ich durfte mich und meine Fähigkeiten unter Beweis stellen und dies gelang mir trotz völlig fremder Berufsbranche mühelos. Mittlerweile bin ich seit vielen Monaten schon in der neuen Firma beschäftigt. Ich arbeite heute nicht mehr Vollzeit, von früh bis abends, wie es bei meiner letzten Tätigkeit der Fall war. Ich arbeite nur noch Teilzeit und das ist genau das, was ich möchte, denn ich habe nun endlich Zeit, mein Leben zu genießen. Was nutzt das Geld, wenn man keine Zeit hat, das Leben zu genießen und man zum anderen viel zu erschöpft dazu ist. Meine neue Arbeit macht mir großen Spaß und ich glaube, ich habe diesbezüglich meine Erfüllung gefunden. Ich bin sehr froh und auch sehr stolz auf mich, stark genug gewesen zu sein und diese große Hürde angenommen und vor allem gemeistert zu haben. Es war das Beste, was mir in beruflicher Hinsicht hätte passieren können. Arbeiten und leben, ich bin wieder in der Lage, beides unter einen Hut zu bringen. Und vor allem, mein Leben dreht sich nach der Arbeit weiter, es hört nicht auf, wie es sich in der vorherigen Firma oftmals anfühlte, das ist das Allerwichtigste. Ich gehe völlig auf, in beiden Lebensbereichen.

Doch das Leben dreht sich nicht nur um die Arbeit. Auch und besonders in meiner Freizeit nehme ich die vielen positiven Veränderungen, die in und mit mir geschehen sind, tagtäglich deutlich wahr und das ist noch viel wertvoller für mich. Ich lebe mittlerweile wieder, um zu leben und nicht mehr, wie es vor der Therapie der Fall war, nur um zu überleben. Ich wollte dieses Leben zu Zeiten meiner Depression gar nicht mehr. Heute liebe ich mein Leben und alles, was um mich herum geschieht, wieder sehr und ich genieße es an jedem Tag in vollen Zügen, denn ich habe nur ein Leben geschenkt bekommen. Dies ist mir wieder sehr bewusst geworden. Ich möchte mir dieses wertvolle Leben vom Schicksal nicht mehr zerstören lassen. Vor der Therapie, wenn ich mich sehr krank fühlte und eine ernsthafte Erkrankung vermutete, dann dachte ich immer, es ist nicht schlimm. Ganz im Gegenteil, ich hoffte dann oftmals, dass mich irgendeine Krankheit vielleicht endlich vor diesem grauenvollen Leben und vor diesem schier unerträglichen Schmerz befreit. Mittlerweile finde ich diesen Gedanken sehr unfair. Unfair den Menschen gegenüber, die krank sind und tagtäglich dafür kämpfen müssen, um leben zu dürfen und sich nichts sehnlicher wünschen, als nicht sterben zu müssen. Ich im Gegensatz habe mir in so vielen verzweifelten Momenten gewünscht, endlich sterben zu dürfen. Mittlerweile kann ich es selbst kaum glauben, doch zu dieser Zeit konnte ich mich gegen diesen

Gedanken einfach nicht wehren. Ich wollte diesen Schmerz in meinem Herzen nicht mehr fühlen, denn er tat so verdammt weh. Mittlerweile kann ich diese Suizidgedanken als einen Teil dieser heimtückischen psychischen Erkrankung Depression sehen. Heute, ein Jahr nach meiner Psychotherapie, bete ich jeden Tag dafür, dass ich gesund bleiben darf, denn ich möchte dieses Leben unbedingt genießen, so lange wie es nur geht und ich bin dankbar für jeden einzelnen Tag, an dem ich es darf. Ich möchte noch so vieles erleben und jede einzelne Minute des Tages einfach nur auskosten. Ich habe noch so viele Wünsche und Träume. Nie wieder möchte ich an diesen verzweifelten Moment kommen, wo ich mir wünsche, dass dieses Leben zu Ende ist. Wenn ich daran denke, macht mich das unsagbar traurig, dass es genauso hätte enden können.

Ich habe viel verloren. Menschen, die ich sehr, sehr liebe. Dies tut noch immer sehr weh und ich wünsche mir auch heute noch aus tiefstem Herzen, meine geliebten Menschen wieder in meine Arme schließen zu können. Nach wie vor würde ich alles dafür tun, denn ich werde nie aufhören, diese Menschen zu lieben. Die Trauerwelle ist auch heute noch ab und an da, doch ich möchte darin nicht mehr untergehen. Ich bin eine so genannte „Wellenreiterin" geworden, die gelernt hat, auch mal gegen den Strom zu schwimmen. Mittlerweile denke ich an meine geliebten Menschen, die ich verloren habe, ohne dabei immer weinen und so sehr leiden zu müssen. Den kompletten Schmerz kann mir niemand nehmen, auch kein Psychotherapeut kann das. Doch mein Therapeut hat mir dabei geholfen, mit dem Schmerz leben zu können und ihn aus einem anderen Blickwinkel zu betrachten. Das schmerzhafte Erlebte ist etwas in den Hintergrund geraten und beherrscht mich nicht mehr. Und was noch viel wichtiger war, er half mir dabei, zu erkennen, dass ich zwar viel verloren habe, doch ich habe auch noch viele Menschen, für die es sich lohnt, weiter zu leben. Menschen, die ich ebenso sehr liebe und die es nicht verdient haben, dass ich mich aufgebe. Ich möchte ihnen nicht das gleiche Schicksal zufügen, dass sie mich verlieren. Ich brauche sie, sie brauchen mich. Das ganze Leben besteht aus einem Geben und einem Nehmen und vor allem besteht das ganze Leben aus Liebe. Jeder

Augenblick beruht irgendwie auf Liebe. Dies zu erkennen, wofür es sich lohnt weiterzuleben, war ich vor der Therapie nicht mehr in der Lage. Ich sah nur noch mich und meinen Schmerz, der sich völlig in den Vordergrund spielte. Die Mauer, die ich meterhoch um mich herum aufgebaut hatte und die die Menschen von mir fernhalten sollte, wurde während der Therapie Stück für Stück, Stein für Stein, wieder eingerissen. Ich habe den Menschen, die mir wichtig sind und die ich liebe, wieder ermöglicht, mir nahe zu kommen, ich habe mein Herz wieder für sie geöffnet. Ich bin an jedem Tag dankbar dafür, dass die Menschen, die ich liebe, an meiner Seite sind, dass sie immer zu mir gehalten und mich nicht aufgegeben haben. Ich habe die Liebe, die mein Therapeut aus der Verdrängung befreit hat, wieder in mein „neues" Leben integriert und dies war das Wertvollste für mich, denn die Liebe war schon immer das wichtigste Fundament meines Lebens, auf dem mein ganzes Leben aufgebaut ist. Monika Minder sagte einmal sehr treffend, dass alle Stufen des Lebens Augenblicke der Liebe sind. Die Liebe macht das Leben so wahnsinnig reich und sie zählt für mich neben der Gesundheit zu den allerwichtigsten Werten, wodurch das Leben überhaupt erst wirklich schön sein und der Mensch glücklich sein kann. Ohne die Liebe und tiefe Gefühle möchte und kann ich nicht leben, denn das ist kein lebenswertes Leben für mich.

Mein Leben drehte sich weiter, ich war längst wieder mittendrin und ich konnte deutlich beobachten, wie ich mich Woche für Woche immer weiter stabilisiert habe. Mittlerweile kann ich sagen, dass sich mein komplettes Lebensgefühl nachhaltig verbessert hat. Ich bin nach der Therapie kein neuer Mensch geworden und diese Erwartung ist auch völlig unrealistisch. Meine wesentlichen Charakterzüge sind natürlich die gleichen geblieben und das ist auch gut so, denn ich möchte kein anderer Mensch werden. Vor der Therapie habe ich mir das so oft gewünscht. Ich wollte immer so sein, wie all die anderen, doch dies lag lediglich daran, dass ich mich selbst für völlig wertlos hielt. Doch mittlerweile kann ich mich selbst akzeptieren, so wie ich bin. Nein, ich bin kein perfekter Mensch und das werde ich wahrscheinlich auch niemals sein, doch das muss ich auch nicht sein, denn Fehler zu haben oder zu machen, ist einfach nur menschlich, das weiß ich heute. Aber ich bin ein Mensch, der einen guten Charakter und ein großes Herz hat und heute erst beginne ich, mich und meine guten Charaktereigenschaften zu lieben und meine eigene Persönlichkeit zu schätzen. Ich habe mich selbst nie geschätzt. Ich habe immer geglaubt, alle anderen Menschen wären besser oder mehr wert als ich. Ich habe sie immer beneidet, dass sie so toll sind, ich wollte auch so gern so sein wie sie. Doch heute weiß ich, ich bin genauso viel wert wie jeder andere Mensch. Auf der Straße, wenn ich unterwegs war, bin ich mit einem gesenkten Kopf gelaufen. Oftmals habe ich mir kaum gewagt, anderen Menschen in die Augen zu schauen. Doch warum? Das frage ich mich heute. Es gibt keinen Grund, mich zu verstecken. Mein Therapeut hatte Recht, als er sagte, ich kann jedem Menschen in die Augen blicken. Er lobte schon während der Therapie oft viele meiner Charaktereigenschaften. Damals glaubte ich immer, er lügt mich an, nur um mich zu stärken und mir ein gutes Gefühl zu geben. Ich glaubte, er möchte dadurch die Genesung vorantreiben. Ich konnte nicht glauben, dass er es wirklich so meint, was er sagt. Heute denke ich, dass er jedes einzelne Wort genauso gemeint hat, wie er es gesagt hat. Viel zu lange habe ich gebraucht, um das zu begreifen und es ist ein so wertvolles Gefühl, sich selbst zu achten, zu schätzen und zu lieben. Auch das hat mich die Psychotherapie gelehrt.

Ich bin ein viel stärkerer Mensch geworden. Ein Mensch, der mit problematischen Situationen besser umgehen kann und sich nicht mehr so schnell aus der Bahn werfen lässt. Ich bin mir meiner eigenen Kräfte wieder mehr bewusst. Das Ende einer Psychotherapie bedeutet nicht auch gleichzeitig das Ende von menschlichen Problemen, denn das Leben kann auch danach noch weiter auf und ab gehen. Doch eine erfolgreiche Psychotherapie bedeutet eine veränderte Art, wie man mit den Problemen umgeht. Ich kann mittlerweile schwierige Situationen besser kontrollieren, sie meist sogar umgehen. Ich erwarte zudem nicht mehr von mir, wie es vor der Therapie stets der Fall war, immer und in jeder Situation perfekt zu sein und es allen Menschen recht machen zu können. Dies ist nicht möglich. Das wusste ich auch vor der Therapie bereits. Dennoch denke ich oft an den Satz, den mein Therapeut mir einmal sagte „Es allen recht getan, ist eine Kunst, die niemand kann!" Er hatte mit vielem, was er sagte, so Recht. Ich denke auch heute noch oft an seine Worte und wenn ich heutzutage es irgendwem gerade einmal nicht recht machen kann oder konnte, dann denke ich an diesen Satz und dann kann ich die jeweilige Situation akzeptieren, so wie sie ist. Ich suche nicht immer sofort den Fehler oder die Schuld bei mir, wie es immer der Fall war. Fehler zu machen, habe ich mir vor der Therapie nie gestattet und am liebsten hätte ich mich für jeden einzelnen Fehler tagelang bestraft. Doch heute weiß ich, Fehler zu machen, bedeutet nicht automatisch auch ein Versagen. Für mich hatten beide Wörter immer die gleiche Bedeutung. Daher stellte ich stets viel zu hohe Erwartungen an mich selbst und ich erlaubte mir keine Fehler. In keinerlei Hinsicht. An jedem einzelnen Tag, in jeder einzelnen Stunde strebte ich nach Perfektionismus, in jeder Situation. Dies kostet unglaubliche Energie. So viel Energie, wie man oftmals gar nicht aufbringen kann, auch das habe ich während der Therapie gelernt. Ich wollte in jeder Hinsicht immer nur funktionieren, egal ob im Beruf, in der Familie oder in vielen anderen Lebensbereichen. Das schränkt einen Menschen enorm ein, im Denken, Fühlen und Handeln und es nimmt einem selbst die Gabe, sich wirklich frei von Ängsten zu fühlen. Heute fühle ich mich oft so frei wie ein Vogel. Als ob ich fliegen könnte, so fühlt es sich an. An mich selbst habe ich vor der Therapie nie gedacht. Ich habe mich völlig übersehen und meine eigenen Wünsche und Bedürfnisse komplett ignoriert. In gewisser Hinsicht möchte ich auch heute noch „funktionieren" und soweit es möglich ist, vieles gut und richtig machen und daran ist grundsätzlich auch gar nichts verkehrt. Doch heute denke ich dabei auch mal an mich und ich frage mittlerweile auch mich selbst mal, wie es mir gerade geht, was ich mir im Moment gerade wünsche und ich versuche, meine eigenen Wünsche und Bedürfnisse mit einzubringen. Ich kann mittlerweile am Ende des Tages auch einfach nur mal meinen Abend genießen, ohne mich dabei stets und ständig zu fragen, was ich nicht an diesem Tag alles hätte anders oder besser machen oder was ich noch hätte erledigen können. Während ich vor der Therapie kaum ruhig sitzen konnte, bin ich heutzutage in der Lage, meinen Abend zu genießen. Ich zünde eine Kerze an und tauche ein in den tollen Duft. Ich trinke dabei ein Glas Rotwein und ich genieße in diesen Momenten einfach nur ein Stück Lebensgefühl oder auch einfach nur meinen wohl verdienten Feierabend. Es ist so unglaublich schön, einen Abend zu genießen, wenn man sich frei von Sorgen und Ängsten fühlt, ohne dass eine schmerzhafte Last das Herz erdrückt und es vor Kummer schreit. Ich tu einfach, wonach mir gerade zumute ist. Ich lege mich in die Badewanne, mit einem Buch und ich schalte dann einfach mal ab, um der Hektik des Alltags ein wenig zu entfliehen, den Akku wieder aufzuladen. Alles Dinge, die ich vorher nicht kannte. Baden kannte ich natürlich, aber nicht gemütlich baden und einfach ml abschalten. Ich sah das Baden als nötige Körperhygiene, mittlerweile sehe ich es als Reinigen und Entspannen zugleich. In diesem Moment existieren dann für mich weder Vergangenheit noch Zukunft, es herrscht eine gewisse Zeitlosigkeit. Ich gebe mich dann einfach nur dem schönen Augenblick hin, damit sich in meiner Seele eine Entspanntheit ausbreiten kann. Es gibt so viele Dinge, die ich mir vorher einfach nicht erlauben oder gönnen wollte, da ich immer der Meinung war, ich habe das nicht verdient. Ich stand im Geschäft, habe etwas Schönes gesehen und wollte es mir kaufen. Ich hatte es schon in der Hand, habe es dann jedoch meist wieder zurück ins Regal gelegt, weil mein Kopf mir sagte, es sei zu schade für mich, ich habe es nicht verdient. Heute weiß ich, ich habe es verdient, auch an mich zu denken, mich selbst auch mal zu belohnen. Mein Leben glich eher einer Hetzjagd, immer mit dem Ziel, so viel wie möglich in jeden Tag hineinzupacken, damit möglichst viel erledigt werden kann. Kein Wunder, dass ich abends nur noch ins Bett gefallen bin und früh kaum noch die Kraft und erst recht nicht die Lust hatte, wieder aufzustehen. Keine Maschine der Welt kann immer Höchstleistungen vollbringen. Auch sie muss gepflegt und gewartet werden. Wer sich selbst immerzu vernachlässigt, wird immer früher oder später die Quittung dafür bekommen. Dabei ist es nie zu spät dafür, anzufangen, etwas für sich selbst zu tun. Besser spät als nie, ja, so ist es.

Ich möchte mittlerweile einfach jeden Tag so genießen, als könnte es der letzte Tag sein. Weise Menschen tun das wohl so. Auch mit diesem Satz hatte mein Therapeut Recht. Ich möchte nicht irgendwann denken, dieses oder jenes hätte ich gern noch getan oder erlebt und dann ist es vielleicht zu spät dafür. Ich sehe auch heute noch die anderen Menschen und ich bin sehr gern für sie da, wenn sie mich brauchen und das wird auch niemals anders sein. Ich wünsche mir an jedem Tag, dass es ihnen gut geht und ich tu alles dafür, dass dies auch so bleibt, doch ich verliere mich dabei nicht mehr selbst und ich denke einfach auch mal an mich, weil auch ich lebe nur einmal. Ich verfolge mittlerweile bewusst auch meine eigenen Ziele und Träume, anstatt immer nur von inneren und äußeren Ansprüchen und Zwängen getrieben zu werden. Ich verfolge wieder meine eigenen Träume. Es heißt nicht umsonst, dass man seine Träume leben soll und nicht sein Leben träumen. Und genau das tu ich mittlerweile, ich nehme mein eigenes Leben einfach wieder in die Hand, denn wer Träume hat, hat auch Ziele. Während meiner Depression habe ich kaum noch etwas um mich herum wahrgenommen. Ich fühlte nur noch Trauer und Schmerz. Heute fühle ich das Leben wieder in jeglicher Hinsicht. Ich liebe die Natur wieder, ich nehme die Schönheit, die sie verbirgt, wieder wahr, jedes Blümchen am Wegesrand, jeden Grashalm, ja, sogar jede Pfütze sehe ich. In jeder Blüte fühle ich das

Leben, das mich umgibt. Ich genieße es bewusst, zu sehen, was alles um mich herum wächst und gedeiht und ich nehme dabei gleichzeitig eine kleine Auszeit, indem ich ein schönes Gefühl in meine Seele lasse. Ich fühle in diesem Moment eine innere Harmonie und Wohlbefinden. Es gibt mir einfach neue Energie. Während meiner Depression habe ich mich ab und an in unseren so liebevoll gestalteten Garten geschleppt, um meiner Familie ein klein wenig das Gefühl zu geben, dass ich zumindest noch ein Stück weit Anteil an ihrem Leben nehme. Ich wollte sie beruhigen und ihre Sorgen ein klein wenig lindern. Lust hatte ich dazu eigentlich nicht, denn die Schönheit jedes einzelnen Fleckchens habe ich sowieso nicht mehr wahrgenommen. Viel lieber wollte ich zurück in mein Bett. Unauffällig schaute ich immer wieder auf die Uhr. Wann könnte ich endlich wieder gehen, habe ich mich insgeheim immer wieder gefragt. Wann würde meine Pflicht erfüllt sein, ein wenig am Leben teilgenommen zu haben. So saß ich meine Zeit einfach nur ab. An einem Abend fragte mich mein Mann, ob ich gesehen hätte, wie schön die Rosen aufgeblüht sind. Ich sagte „Ja, sie sind wunderschön", doch in Wirklichkeit ist mir das nicht aufgefallen. In unserem Garten blühen viele wunderschöne Blumen, doch ich habe einfach keine davon wahrgenommen. Auch nicht die wunderschönen roten Rosen, die ich so sehr liebe und deren traumhafter Anblick mich von jeher verzaubert und fasziniert. Rote Rosen versprühen für mich einen einzigartigen und bezaubernden Charme, der mein Herz eigentlich höher schlagen lässt. Eine rote Rose zieht mich mit ihrer anmutigen Schönheit einfach in ihren Bann. Doch mittlerweile bin ich achtlos an den wunderschönen Rosen vorbei gegangen und einmal mehr erkannte ich, dass ich einfach nicht mehr der Mensch bin, der ich einmal war. Dies tat in meinem Herzen sehr weh.

Mittlerweile genieße ich es wieder, in aller Ruhe spazieren zu gehen und die Schönheit der sinnlichen Natur einfach wieder bewusst wahrzunehmen und den Duft einzuatmen. Ich höre wieder das Singen der Vögelchen vor dem Fenster und ich erfreue mich daran. Ich liebe Tiere wirklich. Manchmal macht es mich traurig, wie wir Menschen unsere eigene Umwelt und Natur zerstören. Die Umwelt, ein so großer Schatz, und wir nehmen damit die Zerstörung unseres unersetzlichen Lebensraumes in Kauf. Vor allem auch den Lebensraum von vielen Tieren, die oftmals gar nicht mehr wissen, wo sie hin sollen und am Ende meist tot auf den Straßen landen, da die Straßen mitten durch ihren Lebensraum führen. Für mich sind Tiere Lebewesen, die es genauso wie wir Menschen verdient haben, würdevoll und friedlich zu leben. Ich würde die Natur- und Tierschützer gern bitten, auch mal etwas mehr an die Tiere zu denken. Vielleicht könnte man mehr Brücken bauen, damit die Tiere sicher von A nach B gelangen können. Die Tiere sollten in vielerlei Hinsicht viel mehr geschützt werden. Das sehe zumindest ich so. Der Blick ist wieder da, um über das Leben nachzudenken. Und er ist auch wieder da, für das Schöne im Leben. Jedes Geräusch, jeder Duft und noch so vieles mehr, es erfüllt mich und meine Seele einfach mit Leben. Auch einfach nur menschliche Wärme weiter zu geben und natürlich auch zu empfangen, bedeutet für mich wieder ein großes Stück Glück und Geborgenheit. Dabei bedeutet Geborgenheit für mich nicht einfach nur ein sicherer Ort, ein warmer Raum und behagliche Gemütlichkeit, sondern dass Wärme in diesem Zimmer lebt, die die Kälte vertreibt. Für mich ist Geborgenheit ein zentrales Lebensgefühl, ein ganz besonderes und tiefes Empfinden, gefüllt mit vielen warmen Emotionen. Ich empfinde Geborgenheit als sehr wichtig, denn es nimmt den kalten Wind aus der Seele. Ohne Geborgenheit friere ich einfach. Für mich bedeutet Geborgenheit ein Wohlgefühl und was noch viel wichtiger ist, das sichere Gefühl, geliebt zu werden. Die Geborgenheit bringt Ruhe in meinen Alltagsstress. Dabei bin ich natürlich auch selbst gewillt und bestrebt, Liebe und Geborgenheit zu schenken. Das Glück liegt einfach in so vielen kleinen und großen Augenblicken. Momente oder Dinge, die kein Geld kosten und einen trotzdem so wahnsinnig reich machen. Mein Stück Glück liegt auch in solchen Kleinigkeiten, am Morgen nicht mehr mit dieser bleiernen Müdigkeit zu erwachen, wie es vor der Therapie der Fall war. Den Tag mit Elan und guter Laune zu beginnen, macht mich glücklich.

Nichts von alledem nahm ich während meiner Depression noch wahr. Alles um mich war schwarz und voller Leere. Heute ist mein Leben wieder bunt und es glänzt in den prächtigsten Farben, es ist warm. Ich bin viel ausgeglichener und gelassener geworden und ich fühle mich weniger gestresst. Kleine Veränderungen des Denkens oder so mancher Einstellung und Gewohnheit genügen oftmals schon, um die eigene Lebensqualität enorm zu verbessern, fühle ich heute. Es gibt natürlich auch heute noch ab und an negative Gefühle oder Empfindungen. Schlechte Tage, wie sie wahrscheinlich jeder kennt, denn dies ist einfach nur menschlich. Doch diese Tage treten nur noch selten auf, sie sind nicht mehr so quälend und die negativen Empfindungen lassen schneller nach. Ich kann mich aus einem Tief mühelos selbst befreien und ich fühle mich nicht mehr als das Opfer meiner Gefühle. Ich bin ihnen nicht mehr hilflos ausgeliefert. Meinen Gefühlen, die mir immer vorgeschrieben haben, wie ich mich gerade zu fühlen und wie ich zu denken oder zu handeln habe. Ich habe meine Gefühle stärker unter Kontrolle und ich gelange heutzutage schneller wieder in hilfreiches Fahrwasser. Ich habe während der Therapie neue Kraft geschöpft und Strategien erlernt, um schwierige Situationen mühelos zu bewältigen, sie geschickt zu umgehen, immer wieder nach vorn zu schauen und nicht aufzugeben. Ich habe gelernt, meine Kräfte und meine Reserven besser zu nutzen und einzuteilen, den Akku immer wieder aufzuladen. So wirkliche depressive Phasen hatte ich seit dem Ende der Therapie gar nicht mehr. Die Wunden, die das Leben hinterlassen hat, schmerzen noch immer ab und an, doch mittlerweile sind aus den Wunden Narben geworden, denen ich nicht mehr ermöglichen möchte, dass sie mein Leben beherrschen und es zerstören. Ich habe nur ein Leben geschenkt bekommen, und das möchte ich einfach nur noch genießen. Das ist mein großer Lebenstraum. Die schmerzhaften Erfahrungen der Vergangenheit werden niemals vergessen sein, doch ich kann sie weder rückgängig noch ungeschehen machen. Daher versuche ich heute, das was geschehen ist, ein Stück weit zu akzeptieren, damit die Schicksalsschläge nicht mehr so schmerzhaft und lähmend sind und meine Seele nicht mehr so sehr quälen. Ich habe gelernt, mit dem Schmerz etwas besser umzugehen, um ihn ertragen zu können. Vor der Therapie hatten die Sorgen mich im Griff, heute jedoch habe ich die Sorgen im Griff. Ich lasse nicht zu, dass sie die Oberhand gewinnen. Ich möchte versuchen, mit den Verlusten zu leben, denn eine andere Wahl habe ich nicht, das habe ich schweren Herzens begriffen. Wenn ich es nicht akzeptiere, dann gehe ich an diesem Schmerz kaputt. Dann kann ich mein Leben wegwerfen, denn dann ist es nicht lebenswert. Doch ich möchte mein Leben nicht wegwerfen.

Man wird durch die Trauer in eine andere Realität geworfen. Die Welt, so wie sie vorher war, hört in diesem Moment auf zu existieren. Wir fallen in eine Realität, die wir akzeptieren müssen. Leider, denn es bleibt uns nichts anderes übrig. In der „neuen" Welt müssen wir den Glanz sehen, denn die „neue" Welt bietet uns noch immer so viel Schönes, wofür es sich lohnt weiter zu leben. Das Leben kann sehr hart und ungerecht sein, das ist leider so und es wird niemals anders sein. Das Leben fragt nicht, was wir uns wünschen. Es teilt aus, wie es dem Leben gerade in den Sinn kommt. Doch das Leben kann auch sehr schön sein. Das sehe ich wieder und an diesen schönen Momenten und Dingen möchte ich festhalten. Es gibt immer irgendetwas, für das es sich lohnt, weiter zu leben. Man muss es nur sehen. Man darf nicht die Augen davor verschließen. Dies ist, glaube ich, der wichtigste Gedanke, an dem ich mich festhalten möchte. Ich habe mich aus der Trauer und der Wut auf das Leben, die damit verbunden war, endlich gelöst und befreit. Die Zukunft liegt noch vor mir und diese möchte ich mir nicht mehr von der Vergangenheit zerstören lassen. Ich möchte einfach wieder nach vorn schauen. Mein Blick geht zwar auch heute noch oft zurück und ich denke dann an geliebte Menschen, die ich verloren habe, doch ich möchte dies nur noch in lebendiger Erinnerung an sie tun. Und vor allem in dankbarer Erinnerung, denn ich bin sehr dankbar, dass diese wundervollen Menschen ein

Teil meines Lebens und meines Herzens waren und genau das werden sie für immer sein. Menschen, die man im Herzen trägt, kann man nicht wirklich verlieren, auch nicht durch den Tod. Die Trauer kann das Herz zerreißen, aber das Band der Liebe kann sie niemals zerreißen. Auch, wenn dieses Band unsichtbar ist, die Liebe werde ich dennoch immer fühlen.

Ich habe während der Psychotherapie ein völlig neues Selbstbewusstsein bekommen. Ich glaube, es war noch niemals so stark, wie es heute ist. Ich bin im Umgang mit anderen Menschen viel sicherer geworden. Ich kann Ihnen wieder selbstbewusst in die Augen blicken und ich fühle mich mit ihnen endlich auf einer Augenhöhe und nicht mehr „eine Stufe tiefer". Ich fühlte mich vor der Therapie als ein so wert- und nutzloser Mensch. Wenn ich in den Spiegel schaute, konnte ich meist meinen Anblick nicht einmal ertragen. Ich hatte Mühe, in mein eigenes Gesicht zu schauen und ich wendete den Blick immer schnell wieder ab. Ich fühlte nur Wut und ich hasste mein eigenes Spiegelbild so sehr. Meine Depression redete mir so oft ein, dass ich es nicht mehr wert bin, auf der Welt zu sein. Mein krankes Ich ließ mich so oft glauben, dass ich es nicht verdient habe, geliebt zu werden. Dass ich nicht mehr gebraucht werde und ich für meine Mitmenschen sowieso nur noch eine Zumutung und eine Last sei, dachte ich. Ich glaubte, dass es besser wäre, mein Umfeld von mir zu erlösen, damit es ihnen ohne mich endlich wieder besser gehen kann. Es tat mir so leid, dass sie mich ertragen müssen und ich habe mir so oft überlegt, wie ich sie von mir befreien könnte, ich ihnen diese Last nehmen kann. Ein verhängnisvoller Trugschluss, der sehr tragisch hätte enden können. Es kann so verdammt schwer sein, seinen eigenen Wert zu erkennen und zu würdigen. Ihn jedoch zu erkennen, ist ein sehr befreiendes Gefühl. Selbstbewusstsein ist nichts, das aus heiterem Himmel einfach mal so da ist. Nein, Selbstbewusstsein kann sich lediglich entwickeln, wenn man selbst die Möglichkeit hat, sich seiner selbst wieder oder überhaupt erst bewusst zu werden, wenn man in der Lage ist, selbstbestimmt zu leben. Fehlendes Selbstbewusstsein hat oft tiefer liegende Ursachen. Frühe Erfahrungen oder Erlebnisse haben oftmals bereits eine tiefe Unsicherheit in uns manifestiert. Ein größeres Selbstbewusstsein kann uns niemand geben, nur wir selbst können das. Ich konnte in meiner Psychotherapie gemeinsam mit meinem Therapeuten die Ursachen meines geringen Selbstbewusstseins ergründen und daran arbeiten. Genauer gesagt habe ich an meinen negativen Gedanken gearbeitet, die überhaupt erst dazu geführt haben. Ich habe mich und mein stark verzerrtes Bild über mich selbst besser kennengelernt. Selbstbewusstsein erfordert Selbstakzeptanz, sich selbst anzunehmen. Selbstakzeptanz ist eine wichtige Voraussetzung, um wirklich glücklich und zufrieden zu sein. Mittlerweile habe ich gelernt, mich selbst anzunehmen. Ich fühle mich wieder als ein wertvoller Mensch. Ich habe gelernt, mich auf die positiven Eigenschaften anstatt auf die Schwächen zu konzentrieren. Ja, ich habe es verdient, geliebt zu werden, weil ich ein besonderer Mensch bin, das weiß ich heute. Ich bin es genauso wert, auch mich zu sehen, für mich selbst da zu sein und achtsam mit mir umzugehen, wie es mein Therapeut sehr schön in seinem wundervollen Nachwort schrieb. Ich habe sehr oft an seine Worte gedacht und ich habe immer wieder versucht, sie in die Tat umzusetzen. Ich möchte stets die Kraft behalten, achtsam mit mir umzugehen, das hat er mir gewünscht und das wünsche auch ich mir selbst. Ich habe während der Psychotherapie gelernt, mich selbst zu lieben, während ich mich vor der Therapie verachtet und sogar gehasst habe.

Ich habe mich selten so frei gefühlt und damit meine ich nicht die Freiheit von anderen Menschen. Ich fühle heute eine innere Freiheit, dank derer ich ohne Zwänge und Ängste leben kann. Es fühlt sich so an, als hätte mein Therapeut eine Tür zu einem „neuen" Leben geöffnet, von der ich glaubte, dass diese „Tür" für immer verschlossen bleibt. Ich hatte große Angst vor dem, was sich dahinter verbirgt. Doch es hat sich gelohnt, diese Schwelle zu übertreten. Es scheint so, als wäre ich auf etwas scheinbar Unüberwindbares zugegangen und hinter dieser Tür habe ich neue Freiheiten entdeckt und diese Freiheiten machen das Leben überhaupt erst lebenswert. Heute empfinde ich wieder Freude an meinem Leben und ich sehe mich als vollwertiges Mitglied der Gesellschaft, während ich mich vor der Therapie nur noch als „graue Maus" ansah und ich mich am liebsten vor allen Menschen und vor dem Leben allgemein verkrochen und versteckt hätte. Warum, das frage ich mich heute. Ich akzeptiere jeden Menschen, so wie er ist und dies habe ich auch sehr früh bereits meiner Tochter beigebracht. Heute, zum ersten Mal in meinem Leben, kann ich auch mich selbst einfach nur akzeptieren, so wie ich bin. Es gibt keinen Grund, es nicht zu tun, das weiß ich heute. Ich muss mich nicht verstecken und ich muss mich auch nicht ändern. Meine allgemeine Lebenszufriedenheit hat sich enorm verbessert. Ich wache bereits am Morgen mit einem so positiven Gefühl auf. Ein gutes

Gefühl, dass ein neuer Tag beginnt und ich freue mich darauf. Mein Psychotherapeut hat mir in einer schlimmen und schwierigen Lebensphase sehr viel Hilfe und Halt gegeben und letzten Endes hat er mich stark gemacht, für ein „neues" Leben und ich bin sehr stolz auf mich, dafür wieder stark genug zu sein. Ich werde jeden Tag dafür „kämpfen", um diese innere Stärke und die Kraft zu bewahren und mich und mein Leben niemals wieder so sehr aufzugeben, wie ich es vor der Therapie tat. Ich möchte stets positiv nach vorn blicken, voller Vorfreude auf das, was das Leben mir noch bietet. Und auch, wenn ich nicht weiß, was noch kommen man, ich kann es manchmal kaum erwarten.

Meine Tochter ist mittlerweile erwachsen. Ich liebe sie aus tiefstem Herzen und ich bin sehr stolz, welch wundervoller Mensch sie geworden ist. Ich möchte ein Teil ihres Lebens sein und auch bleiben. Ich möchte miterleben, wie sie ihr Leben gestaltet. Ich möchte sehen, wie sie ihre Wünsche und Pläne, die sie sich für ihr Leben gestellt hat, in die Tat umsetzt. Ich möchte sie dabei unterstützen, wenn sie meine Hilfe benötigt, denn es ist nach wie vor mein Herzenswunsch, ihr bis zu meinem Lebensende eine gute Mutter zu sein und für sie da zu sein, wenn sie mich braucht. Ich möchte stets meinen Teil dazu beitragen, dass es ihr gut geht und dass sie glücklich ist. Während meiner Depression hatte ich keine Kraft mehr, an ihrem Leben teilzunehmen. Ich nahm nicht einmal mehr wahr, wie es ihr ging, wie sie sich fühlte, ob sie mich als Mutter braucht. Ich habe es wahrgenommen und es tat verdammt weh, zu sehen, wie enorm sie unter meiner Depression litt, doch ich konnte einfach nichts dagegen tun. Ich hatte nur noch mit mir selbst zu tun. Ich hatte kaum Kraft, meinen eigenen Tag zu meistern, ihn zu überstehen. Ich fühlte mich völlig gelähmt in meiner Ohnmacht. Dies ist nun wieder anders. Es interessiert mich, was sie bewegt, was sie beschäftigt, wie sie sich fühlt. Ich freue mich, wenn ich sie höre und sie sehe. Dies war zu Zeiten meiner Depression leider völlig anders. Es gab viele verzweifelte Momente, wo ich es nicht mehr ertragen konnte, irgendwen zu sehen, zu hören oder mit anderen Menschen zu sprechen. Ich wollte allein sein. Am liebsten hätte ich alle Menschen aus meinem Leben verbannt. Nur um den ganzen Tag schlafen zu können, mich meinen traurigen Gedanken hingeben zu können, wann immer ich es wollte und mich auf dem Boden vor Trauer wälzen zu können. Einfach so sein zu können, wie mir zumute war, das wollte ich. Heute bin ich froh, wenn meine Familie in meiner Nähe ist. Ich bin dankbar für jedes Gefühl, an dem ich teilhaben darf. Dankbar für die Liebe und die Geborgenheit, die mir geschenkt wird. Ich freue mich darauf, eines Tages Enkelkinder zu haben. Ich möchte eine gute Oma sein und ich werde meine Enkelkinder von ganzem Herzen lieben, das weiß ich ganz sicher. Es macht mich unsagbar traurig, dass ich all das hätte verpassen können. Das Leben bietet mir noch immer so viel Schönes. Ganz sicher liegen noch unzählige wundervolle Erfahrungen und Ereignisse vor mir. All das möchte ich noch genießen und ich freue mich so sehr, das noch erleben zu dürfen.

Während ich vor der Therapie kaum noch die Kraft und das Interesse hatte, auf meine Kleidung zu achten und diese nur noch wahllos aus dem Schrank gegriffen hatte, genieße ich es heute wieder, mich hübsch anzuziehen und mich zu schminken und mich einfach nur gut zu fühlen, wenn ich einen schönen Tag erleben möchte. Und das tu ich dann auch. Ich fühle mich gut und ich genieße den Tag in vollen Zügen. Ich gehe oft in die Stadt und bummle durch die Geschäfte. Ich setze mich in ein Cafe und genieße einen leckeren Kaffee mit ganz viel Milchschaum. Ich gehe ins Kino, schaue meine geliebten Schnulzen an und genieße nebenbei eine große Portion Nachos mit Käsesoße. Oder ich fahre zu Mc. Donalds und esse meinen geliebten vegetarischen Burger. Ja, vegetarisch muss er unbedingt sein, denn ich liebe Tiere so sehr, dass ich vor 15 Jahren ein Vegetarier wurde. Ich möchte kein Fleisch mehr essen und vor allem ich kann es nicht mehr, denn ich ertrage es nicht, dass für mich ein Tier leiden muss und getötet wird. Genauso gern gehe ich zu Subway, denn der vegetarische Sub mit Joghurtdressing und ganz viel frischem Gemüse ist ein absoluter Traum. Sehr gern höre ich in meiner Freizeit Musik und ich besuche wieder regelmäßig Konzerte oder sonstige schöne Feste. Ich besuche gern Thermen, um ein paar Bahnen zu schwimmen und einfach ein Stück Auszeit zu nehmen vom Alltagsstress, einfach nur, um die Seele baumeln zu lassen. Ich gestalte meine

Freizeit einfach wieder, so wie es mir gerade gut tut und wonach mir zumute ist und am Ende des Tages bin ich dann einfach glücklich und ich bin dankbar für einen schönen Tag, den ich erleben durfte. Mit diesem Glücksgefühl schlafe ich dann am Abend ein und wache ich am Morgen wieder auf. Und dann freue ich mich schon wieder auf den nächsten schönen Tag. Ich versuche mittlerweile einfach, auf einen angenehmen Ausgleich zu meinem Arbeitsleben und zu sonstigen Verpflichtungen zu achten, damit das Leben nicht mehr nur aus der Arbeit besteht und das Akku, die Kraft, regelmäßig wieder aufgetankt werden kann. So viele Dinge genieße ich einfach, ich sauge sie in mir auf und ich halte sie fest. Ich genieße diese vielen schönen Momente einfach als ein pures Stück Lebensgefühl. Mein Leben ist vielleicht nicht mehr das gleiche und das wird es auch nie wieder sein und wahrscheinlich bin ich auch nicht mehr der gleiche Mensch, doch mein Leben hat mehr Tiefe, mehr Sinn und mehr Intensität bekommen. Ich habe gelernt, das Leben wieder zu schätzen und zu lieben, den Moment intensiver zu erleben und vor allem habe ich gelernt, das Leben als Geschenk anzusehen. Für mich ist nichts mehr selbstverständlich. Weder das Glück darf ich voraussetzen und schon gar nicht die Gesundheit. Daher kann ich auch nie wissen, ob ich am nächsten Morgen wieder erwachen darf. Während der Depression nannte ich es „muss".

Gerade jetzt in diesem Moment nehme ich
bewusst war, dass ich das Wort „darf" verwendet
habe. Und wenn ich am nächsten Morgen wieder
erwachen durfte, dann sage ich danke für dieses
Geschenk. Danke für einen neuen Tag.

Früher, vor der Depression, habe ich den Frühling und den Sommer immer geliebt, da es Jahreszeiten sind, wo die Natur uns zeigt, wie stark das Leben sein kann, denn die Natur setzt sich immer wieder durch und sie erblüht in den schönsten Farben. Dieses wunderbare Gefühl drang oft bis zu meinem Herzen durch. Doch während meiner Depression, habe ich insbesondere den Sommer so oft regelrecht verflucht. Ich konnte ihn nicht mehr ertragen. Ich mochte die Sonne einfach nicht mehr, denn sie passte nicht zu meinen dunklen Gefühlen in meiner Seele. Wenn die Sonne zu stark in mein Fenster schien, habe ich die Jalousien geschlossen, um sie draußen vor dem Fenster zu lassen. Den ersten Sommer nach der Therapie, das war etwa drei Monate später, ich habe ihn so sehr genossen. Ich habe mich gefreut, wenn am Morgen die Sonne schien. Ich habe aus dem Fenster geschaut und es ging mir gut. Ich bin in mein Kleid geschlüpft, habe die Wohnung verlassen und das tat so gut. Ich konnte die Sonne in meinem Herzen fühlen. Jeden einzelnen Sonnenstrahl habe ich wahrgenommen. Ich habe einfach gefühlt, dass ich wieder lebe. Ich freue mich schon wieder auf den nächsten Sommer und ich hoffe, dass ich noch viele Sommer erleben darf. Ich freue mich auf die Wärme, auf das Licht und auf den strahlend blauen Himmel. Und natürlich freue ich mich auch auf die Winter. Ich mag sie zwar weniger, doch auch sie werden meiner

Stimmung keinen Abbruch tun. Wenn es einem gut geht, dann ist es egal, ob es regnet oder die Sonne scheint, ob es stürmt oder schneit, denn in meinem Herzen scheint die Sonne sowieso ganz stark.

Ich hoffe und bange immer, dass ich nie wieder zurück in diese Hölle Depression muss, denn das ist wirklich die Hölle auf Erden. Ich habe Angst vor dieser Gefahr, denn ich weiß, dass sie überall lauern kann. Ich bin diesbezüglich zwar sehr optimistisch, doch ich weiß natürlich, egal, wie stark ich auch immer sein mag, dass ich niemals sicher sein kann, denn ich bin nach wie vor ein Mensch, der aus tiefstem Herzen liebt und demzufolge auch aus tiefstem Herzen leiden kann. Jederzeit könnten mir wieder Schicksalsschläge den Boden unter den Füßen wegreißen, das weiß ich. Denn in dieser Welt ist nichts selbstverständlich, alles sind Geschenke, die wir auch als solche ansehen sollten. Auch Erklärungen werden wir nicht erhalten, warum dieses oder jenes geschieht. Tausende Male habe auch ich mich „Warum?" gefragt, doch wir werden in den meisten Fällen keine Antwort auf diese Frage finden. Doch ich hoffe, dass ich mittlerweile stärker geworden bin und ich dann ein wenig besser mit dem Schmerz umgehen könnte und nicht mehr ganz so tief falle. Ich hoffe lediglich, dass der Sturz nicht mehr allzu sehr ins Bodenlose fallen und ich am Schmerz nicht mehr so sehr zerbrechen würde, dass ich mich und mein Leben so sehr aufgebe, wie ich es in meiner Hölle Depression getan habe. Gleichzeitig versuche ich, das Risiko eines Rückfalls so gering wie möglich zu halten. Dies tu ich, indem ich weiterhin jeden Tag an mir arbeite. Man bekommt nichts im Leben geschenkt. Daran und auch an sich selbst wahrscheinlich muss man immer wieder arbeiten. Man lernt im Leben niemals aus. Man wird sich immer in ungewohnten Situationen oder schwierigen Lebensumständen wieder finden. Man wird auf neue Menschen treffen und nicht jeder Umgang wird uns einfach erscheinen. Doch jeder kann von jedem lernen und so manches Mal lernt man, etwas aus einer anderen Perspektive zu betrachten und sich neue Sichtweisen anzueignen. Jede Begegnung und jede Situation prägt uns und manchmal verändert sie uns auch. Tagtäglich lernt man dazu, auch von anderen Menschen. Allein die stetige Entwicklung zwingt uns in gewisser Hinsicht dazu, uns Unbekanntem und Neuem zu stellen. Ich habe den Mut dazu. Ich habe wieder die komplette Verantwortung für mich und mein Leben übernommen und ich möchte dazu lernen. Ich versuche heutzutage dabei jedoch, zwischen wichtig und unwichtig zu unterscheiden und unnötigen Ballast abzuwerfen, um meine Energie nicht zu verschwenden und sie besser einteilen zu können. Ich lasse das Schicksal nicht mehr über mein Leben und über meine Gefühle entscheiden. Ich möchte dem Leben wieder vertrauen, möchte ihm und vor allem mir eine neue Chance geben, ihm gewachsen sein. Ich habe noch so viele Wünsche und Träume. Auch, wenn das Leben manchmal weh tut, möchte ich immer wieder aufstehen, nach vorn schauen, meinen Weg weiter gehen und mein Leben jeden

Tag genießen. Irgendwer sagte einmal sehr treffend, dass man ein neues Leben nicht anfangen kann, aber täglich einen neuen Tag. Und das möchte ich sehr gern, aus tiefstem Herzen. Und jeden neuen Tag möchte ich genießen, mit einem Lächeln.

So ungefähr sieht mein Leben heute aus und ich glaube, es fällt nicht schwer zu erkennen, wie gut es mir wirklich geht. Zumindest fällt es den Menschen nicht schwer, die meine Depression mit verfolgt haben. Sei es real oder sei es durch das Lesen meines Buches. Ich bin einfach glücklich. Natürlich denke ich noch immer an das, was geschehen ist zurück. Und noch immer denke ich auch an meinen Therapeuten. Auch das Stück Sehnsucht in meinem Herzen ist noch immer nicht ausgelöscht. Es sind mittlerweile viele Monate vergangen, doch es fühlt sich nach wie vor so an, dass ich einen sehr wichtigen und besonderen Menschen ein Stück weit verloren habe. Und auch heute noch tut das manchmal weh. Doch dieser wundervolle Mensch hat einen ganz besonderen Platz in meinem Herzen bekommen und dort drin kann ich ihn immer fühlen. Daher werde ich ihn niemals so wirklich verlieren. Für mich war er immer ein wundervoller Mensch und ich habe nie aufgehört, ihn als ganz besonderen Menschen zu sehen. Ich habe auch nie wirklich aufgehört, ihn zu vermissen. Nicht, weil ich nicht anders konnte, sondern weil ich nicht anders wollte. Ich habe nie wirklich versucht, ihn zu vergessen und ich habe auch nie versucht, ihn aus meinem Herzen zu werfen. Während der Therapie habe ich manchmal überlegt, sie zu beenden, um ihn vergessen zu können, da ich mit den Gefühlen oftmals nicht umgehen konnte. Doch nach der Therapie wollte ich ihn auf keinen Fall mehr vergessen. Ich wollte das, was ich in meinem Herzen diesem Menschen gegenüber fühlte, bewahren. Ich wollte ihn auf keinen Fall vergessen und das werde ich auch nicht tun. Vielleicht wäre es richtig gewesen, denn es gab, insbesondere kurz nach dem Therapieende, viele Momente, wo ich darunter litt, weil es sehr weh tat, ihn zu vermissen. Doch ich wollte diesen besonderen Menschen nicht aus meinem Herzen werfen. Ich konnte es einfach nicht, denn genau dort hinein, in mein Herz, gehört er meiner Meinung nach hin. Sagt man nicht, wenn dir ein Mensch nicht mehr aus dem Kopf geht, dann gehört er in dein Herz? Es heißt, dass viele Menschen in unser Leben treten, doch nur wenige Menschen hinterlassen Spuren in unserem Herzen. Mein Psychotherapeut hat auf jeden Fall Spuren in meinem Herzen hinterlassen. Anfangs glaubte ich, dass sie irgendwann im Winde verwehen werden, dass ich ihn eines Tages vielleicht vergessen werde. Heute denke ich, dass dies wahrscheinlich niemals geschehen wird. Auch, wenn ich ihn als Therapeut verloren habe, kann ich ihn dennoch in meinem Herzen immer fühlen und ich fühle mich ihm noch immer sehr nah und verbunden. Dieses unsichtbare Band, das ich fühle, ist niemals so wirklich zerrissen. Wenn es mir kurz nach der Therapie nicht gut ging, dann fragte ich meinen Therapeuten in Gedanken nach einer Lösung und ich konnte seine Antwort förmlich „hören". Auch ohne mit ihm zu sprechen, wusste ich, was er mir jetzt raten würde und genauso konnte ich dann handeln. Plötzlich wusste ich, was richtig ist. Die Therapie war beendet, doch in meinem Inneren ging sie noch eine Weile weiter. Ihn auch nach dem Therapieende noch immer zu „fühlen", hat mir oft die nötige Stärke gegeben und auch die Kraft, diese Stärke zu behalten. Ich fühlte auch nach dem Therapieende Rückhalt von ihm und dies war ein ganz besonderes Gefühl für mich. Ein Gefühl, das ich auch heute noch in meinem Herzen trage und niemals verloren habe. Heute frage ich meinen Therapeuten nicht mehr nach irgendwelchen Antworten, denn mittlerweile finde ich sie allein. Ich habe von meiner Psychotherapie so sehr profitiert, dass ich inzwischen sehr gut allein zurechtkomme. Ich bin im Leben einfach wieder angekommen, ich bin wieder mittendrin. Ich lebe wieder und ich bin glücklich. Ich bin meinem Therapeuten nach wie vor unendlich dankbar. Ich hatte einfach den besten Psychotherapeuten der ganzen Welt. Das kann und möchte ich immer wieder nur betonen, weil es das ist, was mein Herz fühlt, was ich fühle. Während der Therapie fühlte ich ein Stück Abhängigkeit von ihm. Ich war abhängig von ihm als Therapeut. Es war eine Art Abhängigkeit, wie es Kinder wahrscheinlich von ihren Eltern sind. Mein komplettes psychisches und auch physisches Überleben hing von diesem Menschen, von meinem Therapeuten, ab. Um in dieser Welt noch überleben zu können, brauchte ich ihn, so schien es mir eine lange Zeit. Ich war angewiesen auf seine Hilfe und auf seine Ratschläge. Ich glaubte einfach, ohne seine Unterstützung nicht mehr klarzukommen. Heute bin ich, wenn ich es mal so bezeichnen darf, maximal ein Stück weit noch emotional „abhängig" von diesem Menschen, den ich ja hinter dem Therapeuten natürlich auch immer irgendwo wahrgenommen habe. Nein, abhängig ist das falsche Wort, ich nenne es lieber wieder dieses kleine Stück „Sehnsucht" nach diesem Menschen, das ich auch heute noch ab und an fühle. Ich glaube, das trifft es passender. Abhängig vom Therapeuten jedoch bin ich nicht mehr. Ich benötige im Moment einfach keinen Therapeuten mehr. Doch er war ein Teil meines Lebens und das wird er für mich, zumindest in meinem Herzen, auch immer sein. Er ist ein Stück meines Weges mit mir gemeinsam gegangen und dieser „Weg" ist in meinem Herzen gespeichert, jeder einzelne Schritt. Er wird für mich immer der Mensch sein, der mich auf einer außerordentlich tiefen Ebene begleitet und meine Seele auf eine wundervolle Weise ganz tief berührt hat. Auch heute noch berührt mich dieses Gefühl ganz tief in meinem Herzen. Die Momente der Therapie und jedes Detail daran wird für immer Bestand für mich haben. Es sind so wertvolle Begegnungen gewesen, die für mich viel mehr als „nur" irgendein schönes Gefühl sind oder waren. Für mich ist oder war es viel mehr als nur ein Stück Psychotherapie und ob das gerade richtig oder falsch ist, was ich fühle, ist mir eigentlich egal. Schöne Erinnerungen kann einem niemand mehr nehmen, auch ein schönes Gefühl nicht. Erinnerungen sind so verdammt wertvoll, denn irgendwann in unserem Leben blicken wir zurück und dann sind es genau diese Erinnerungen, die unser Leben so lebenswert und so reich an Erfahrungen und schönen Ereignissen gemacht haben.

Ein Ende ist auch immer ein Anfang. Sehr wahre Worte meines Psychotherapeuten in seinem wundervollen Nachwort, das mir sehr viel bedeutet(e). Der Abschied tat unglaublich weh, doch es war für mich auch gleichzeitig das Ende einer schweren Zeit, die ich besiegt habe und dessen Ausgang am Anfang der Therapie völlig ungewiss war. Es war der Anfang eines Lebens mit einem positiven Lebensgefühl. Dies machte das Ende, das man ja oftmals im Leben nicht akzeptieren möchte, letzten Endes dann doch um einiges erträglicher. Am letzten Therapietag sah ich es als Schwäche, mich so verdammt schwer mit dem Abschied zu tun. Ich dachte mir wieder einmal „Warum bin ich immer so verdammt weich?" Und ich habe mich wie so oft darüber geärgert, dass ich es mir so oft im Leben dadurch so verdammt schwer mache. Heute sehe ich es nicht mehr als Schwäche. Wer will schon gern verlieren? Ich nicht, und schon gar nicht einen solch wunderbaren Menschen. Doch bin ich deshalb gleich schwach?! Vielleicht, doch dann ist es halt so. Diese „Schwäche" kann ich akzeptieren, denn sie resultiert lediglich aus meiner gefühlvollen Art. Und möchte ich ein gefühlskalter Mensch sein? Nur um in manchen Situationen weniger leiden zu müssen? Ich weiß es nicht. Manchmal möchte ich schon etwas „härter" sein, doch im Grunde ist es, glaube ich, schon gut, so wie ich bin. Heute bin ich einfach nur froh und dankbar, dass ich diesen wundervollen Menschen kennenlernen durfte und dass ein weiteres schönes Kapitel meines Lebens in meinem Herzen trage. Dies zeigt obendrein, dass man auch aus dem scheinbar „schlechtem" immer auch etwas Gutes ziehen kann. Ich für meinen Teil fühle mich heute wieder gesund. Die Frage „Wie geht es dir?" wird oftmals sehr schnell mit den Worten beantwortet „Mir geht es gut", ohne es manchmal auch wirklich so zu meinen. Ich sage es aus tiefstem Herzen. Ja, mir geht es richtig gut. Mein Körper und meine Seele sind wieder geheilt und ich wünsche den Menschen, die ebenso unter einer Depression leiden und eine schwere Last zu tragen haben, den Mut, gegen diese heimtückische psychische Erkrankung anzukämpfen. Das Leben ist nicht immer leicht und schon gar nicht fair. Probleme, Sorgen, Ängste, schwierige Lebensumstände, Krankheiten, Trauer, Schmerz etc., all das gehört zum Leben leider genauso dazu wie die vielen schönen Erfahrungen und Erlebnisse, die uns das Leben schenkt. Manchmal kann das Leben zur wahren Belastung werden und manchmal scheint es unmöglich, sich an die schwierigen veränderten Lebensumstände anzupassen und die Probleme zu überwinden. Meist will man dies auch gar nicht, da man nicht bereit ist, einen Verlust oder sonstiges Schicksal zu akzeptieren. Doch vertrauen Sie darauf, es ist möglich, gegen das Seelentief anzukämpfen. Auch dann noch, wenn das psychische Tief bereits, wie es auch in meinem Fall war, zum Dauerzustand geworden ist und man selbst glaubt, niemand kann einem mehr helfen. Es ist nie zu spät, sich Hilfe zu holen. Ich glaubte während meiner Erkrankung auch nicht mehr daran, dass ich jemals wieder die Sonne sehe, doch ich wurde eines Besseren belehrt. Und *wie* die Sonne wieder strahlt. Sie scheint vor dem Fenster und was noch viel wichtiger ist, sie scheint wieder in meinem Herzen! Ich hoffe, ich konnte den Mut zu Ihnen tragen. Ich wünsche Ihnen viel Kraft dafür, auf diesem schweren Weg nicht aufzugeben, doch vor allem wünsche ich Ihnen viel Erfolg auf dem Weg zu mehr Lebensfreude und seelischer Gesundheit! Sie sind stärker, als Sie vielleicht im Moment gerade glauben! Der Weg kann sehr steinig sein, doch es lohnt sich, ihn zu gehen! Irgendwann sind die Steine weggeräumt und der Weg wird leichter. Wenn Ihnen dies nicht allein gelingt, dann lassen Sie sich an die Hand nehmen und gehen ein Stück dieses Weges mit der Hilfe eines Psychotherapeuten. Schritt für Schritt, ohne schon am Anfang nach dem Ende zu schauen und sich zu fragen, wie es ausgehen wird. Das Licht am Ende des Tunnels ist oft am Anfang noch nicht sichtbar, doch es wird heller, irgendwann und jeder Schritt auf dem steinigen Weg wird immer leichter. Irgendwo hinter den Wolken ist die Sonne. Das Leben kommt wieder, und zwar dann, wenn die Zeit soweit ist. Man kann auf diesem Weg nicht verlieren, sondern nur gewinnen. Ich selbst habe so viel mehr gewonnen, als ich mir vor der Psychotherapie zu träumen und hoffen gewagt hätte. Ich kann es selbst manchmal kaum glauben. Ich habe eine zweite Chance für mein Leben bekommen und das ist ein so wunderbares Gefühl. Ich werde alles versuchen, um den Therapieerfolg zu erhalten. Ich habe mir die Macht über mein eigenes Leben zurückgeholt und das ist ein so wundervolles und befreiendes Gefühl. Ich bin gesund und glücklich. Ich könnte die ganze Welt umarmen!

Lieber Herr Dr. Schreiber!

Ein Jahr ist es nun her, dass ich meine Psychotherapie bei Ihnen beendet habe. Ich habe auch damals ab und an „Danke" gesagt. Doch wahrscheinlich war es immer nur ein kleines und zaghaftes Danke. Dies lag wahrscheinlich daran, dass ich, als ich ging, es selbst kaum glauben konnte, dass ein völlig „anderer" und viel stärkerer Mensch die Praxistür für immer verlässt. Heute glaube ich es nicht nur, sondern ich weiß und fühle es an jedem einzelnen Tag, wie gut es mir mittlerweile geht. Daher kommt heute ein GROßES Dankeschön! Als ich vor einem Jahr zu Ihnen kam, war ich seelisch völlig blockiert und so tief verzweifelt, dass ich mit meinem Leben nahezu abgeschlossen hatte. Völlig kraftlos und ohne Hoffnung saß ich Ihnen gegenüber und ich selbst konnte zu diesem Zeitpunkt nicht mehr daran glauben, dass mir in diesem katastrophalen psychischen Zustand irgendwer noch helfen kann oder will. Doch Sie haben mir die Chance gegeben. Sie haben mich aufgefangen, als ich tiefer hätte kaum noch fallen können und Sie haben immer an mich geglaubt. Sie haben mir von Anfang an den Mut geschenkt, einen Neuanfang zu wagen und diese Zuversicht haben Sie mit einer unglaublichen Geduld auf mich übertragen. Der Weg war oftmals steinig und schwer, doch jeden einzelnen Schritt sind Sie mit mir gemeinsam gegangen, auch wenn manche Schritte sehr mühsam waren.

Bin ich auf der Stelle getreten, haben Sie mich bestärkt, weiter zu gehen. Bin ich gestürzt, haben Sie mir wieder auf die Beine geholfen. Selbst, wenn ich scheinbar „rückwärts" gegangen bin, haben Sie mich nicht aufgegeben und mir stattdessen immer wieder den Mut geschenkt, meinen Weg weiter zu gehen, ohne dabei jemals die Geduld zu verlieren. Immer wieder haben Sie mir Ihre Hand gereicht. Dank Ihrer Hilfe durfte ich im Laufe der Therapie eine so wunderbare positive Entwicklung für mich und mein Leben erfahren. Irgendwann war ich stark genug, Ihre Hand loszulassen und den Weg allein weiterzugehen. Ich war mittlerweile im Leben wieder angekommen und das war ein so wundervolles Gefühl. Nein, ich bin kein neuer Mensch geworden, aber ich bin mittlerweile ein viel stärkerer Mensch mit einem viel größeren Selbstbewusstsein. Ein Mensch, der gelernt hat, seine Persönlichkeit positiv zu entfalten. Vor allem bin ich ein Mensch geworden, der wieder gelernt hat, zu leben und auch zu lieben. Vor allem habe ich gelernt, mich selbst zu lieben und mich zu achten und das ist ein so schönes und wertvolles Gefühl, das ich gar nicht kannte. Mein Leben war vor der Therapie so dunkel, doch heute ist es wieder hell, sonnig, bunt und voller Farbe. Ich bin Ihnen sehr dankbar für Ihre wertvolle Unterstützung und Hilfe, die Sie auf der Rückreise in mein Leben dazu beigetragen haben. Sie haben mir geholfen, meine Lebensfreude wieder zu finden. Ich bin sehr dankbar für die Sympathie, die Freundlichkeit und vor allem für die Empathie, die Sie mir zu jeder Zeit entgegengebracht haben. Noch viel dankbarer bin ich dafür, dass ich dies alles stets als sehr aufrichtig und ehrlich empfand. Sie haben meinem Buch vor einem Jahr ein wundervolles Nachwort gewidmet. Diese Worte bedeuteten mir sehr, sehr viel und das tun sie auch heute noch. Jedes einzelne Wort hat mein Herz ganz tief berührt. Damals sagten Sie, Ihr Nachwort könnte mit dem Satz enden: „Wunderbar, sie kann wieder lachen!" Diese Worte besaßen sehr viel Wahrheit und vor allem Wert, denn ja, ich kann wieder lachen, aus tiefstem Herzen! Die Tränen sind getrocknet. Doch genauso hätte Ihr Nachwort mit dem Satz enden können: „Wunderbar, sie möchte wieder leben!" Und heute weiß ich, wie wertvoll dieses positive Lebensgefühl ist! Es ist ein so schönes Gefühl, das Leben wieder als Leben wahrzunehmen und nicht mehr als Qual, wie ich es vor der Therapie empfand. Habe ich schließlich noch die vielen verzweifelten Tage in Erinnerung, als ich mir sehnlichst wünschte, nicht mehr leben zu müssen. Heute bin ich dankbar für jeden einzelnen Tag, an dem ich leben darf! Die Therapie war für mich die Rettung! Ich konnte den tiefen Schmerz und die quälende Ohnmacht, die ich vor der Therapie fühlte überwinden und das schier unerträgliche Leiden endlich hinter mir lassen. Ich habe meinen inneren Seelenfrieden wieder gefunden.

Aus meinem Herz voller Wunden wurde ein Herz voller Sonne! Ich bin unendlich dankbar und sehr froh, dass genau Sie es waren, der mir durch diese schwere Phase meines Lebens geholfen hat! Ich hätte mir keinen besseren Psychotherapeuten vorstellen können. Sie wissen sicher noch, wie schwer es mir vor einem Jahr fiel, mich von Ihnen zu verabschieden und für immer zu gehen. Doch dies hatte, zumindest für mich, berechtigte Gründe. Denn es ist nach wie vor so, dass Sie für mich ein ganz besonderer Mensch sind, der in meinem Herzen noch immer einen besonderen Platz hat und diesen Platz werden Sie für immer behalten! Dieses schöne Gefühl in meinem Herzen kann mir niemand mehr nehmen! Jedes kleine oder große Stück Gefühl, das ich Ihnen jemals entgegengebracht habe, waren und sind Sie wert. Ich bin froh und dankbar, dass ich Sie kennenlernen durfte! Als Therapeut und auch als Mensch! Ich glaube, ich werde Sie niemals vergessen!!! Vielen, lieben Dank für alles, Herr Dr. Schreiber!!!